AF217168

Andreas Heller
Patrick Schuchter

SORGEKUNST

Mutbüchlein
für das Lebensende

EDITION
Caro & Caro

Impressum

Bibliografische Information Der Deutschen Bibliothek
Die Deutsche Bibliothek verzeichnet diese Publikation in der
Deutschen Nationalbibliografie; detaillierte bibliografische
Daten sind im Internet über http://dnb.ddb.de abrufbar.

**Bibliographic information published by the Deutsche
Bibliothek**
The Deutsche Bibliothek lists this publication in the
Deutsche Bibliothek; detailed bibliographic data is available
in the internet at http://dnb.ddb.de

Andreas Heller, Patrick Schuchter

SORGEKUNST
Mutbüchlein für das Lebensende

Esslingen: der hospiz verlag, 2. korr. Auflage 2018

ISBN: 978-3-946527-14-5

Dieses Werk, einschließlich aller seiner Teile, ist durch das
Urheberrecht geschützt. Jede Verwertung außerhalb der engen
Grenzen des Urheberrechtes ist ohne schriftliche Zustimmung
des Verlags zu Unterrichtszwecken, Übersetzungen sowie
Einspeicherungen und Verarbeitung in elektronischen Systemen
nicht zulässig.

Typografie und Gestaltung: der hospiz verlag, Esslingen

Druck: Prime Rate Kft., Budapest

www.hospiz-verlag.de

Vorwort

Dieses Buch braucht Mut, um es zu lesen. Und seine Idee braucht Mut, um sie umzusetzen. Es ist also im besten Sinne aufklärerisch. Der Philosoph der Aufklärung, der Denker, von dem eine ganze Epoche ihr Motto erhalten hat, war Immanuel Kant (1724–1804). Er hatte aufklärend-aufklärerisch aufgefordert:

Sapere aude! Habe Mut, dich deines Verstandes zu bedienen.

Das ist der Beginn der Aufklärung, nicht auf die Obrigkeit zu hören, auf das, was „man" meint und denkt, nicht der Befehlsempfänger von staatlichen, kirchlichen oder göttlichen Autoritäten zu sein, weder Papst noch Teufel zu fürchten, sondern allein sich zu vertrauen, seinen Verstand zu nutzen und: nicht gegen sein Gefühl zu handeln.

Das ist bis heute eine revolutionäre Botschaft, im Grund die zutiefst demokratische Botschaft. Die AnhängerInnen der Philosophie der Aufklärung waren sich einig, diese Botschaft gehört unter das Volk. Sie muss verbreitet werden, am besten gedruckt. Aufklärungsschriften entstanden. Die Lektüre war aufregend, das Format handlich.

Das konnte natürlich den Verwaltern der Macht, den Bürokraten der Ordnung, erst recht den absolutistischen Herrschern nicht gefallen. In einer Erzählung von Christa und Gerhard Wolf, Till Eulenspiegel, wird die Szene vorgesellt, dass Papst und Kaiser auf der Tribüne sitzen und ein Schauspiel verfolgen. Beunruhigt flüstert der Eine dem Anderen zu: Eine Seuche geht um: Ein jeder denkt, er könne denken.

Leicht kann man sich vorstellen, dass solche Bücher, die zum Selbstdenken und Selbstfühlen und damit zum Selbsthandeln ermunterten, als gefährlich eingestuft wurden. Viele waren verboten. Vorbeugend wurden sie daher im Kleinformat gedruckt. Und in Frankreich, wo diese Druckkunst zunächst etabliert wurde, vertrat man die Linie, es müssten Bücher sein, die man leicht unter dem Mantel tragen könne (*„les livres pour sous le manteau"*, wörtlich: „Bücher für unter den Mantel"). Das hatte einen doppelten Sinn. Man konnte sie immer bei sich tragen und sie waren offensichtlich vor einem schnellen Blick und Zugriff geschützt.

Dieses, unser Büchlein, stellen wir in diese lange Tradition. Es ist ein Mantelbüchlein, leicht, handlich, einfach zum Mitnehmen, in gewisser Weise ist es auch gefährlich.

Es steht aber auch in einer weiteren Tradition, der antiken. Hier galt es als ein Teil der Lebensführung, nicht zu vergessen, wiederholend zu lesen, bis dass es Teil des eigenen Lebens geworden ist. Wir stellen es in den Zusammenhang von Unsicherheiten und Fragen das eigene Lebensende betreffend. Was soll man tun und lassen? Lässt sich in den guten Tagen des Lebens darüber „verfügen"? Kann man sich vorstellen, eine Patientenverfügung zu verfassen, wenn man noch kein Patient ist? Oder noch unmittelbarer gefragt: Zu welchem Zeitpunkt sollte man vorsorgen, vorsorgende Gespräche zum Lebensende führen und mit wem? Ist der Umzug, der Eintritt ins Pflegeheim ein geeigneter Zeitpunkt, wie der deutsche Gesetzgeber meint? Und was bedeutet es, aufklärerisch sein Sterben und seinen Tod zu fassen? Muss man Philosoph sein, Stoiker etwa, um gelassen, also buchstäblich in stoischer Unerschrockenheit dem Tod ins Auge zu sehen? Oder was braucht man und wen vor allem? Den Arzt als Freund? Einen Freund als Seelsorger? Einfach jemanden, der oder die da ist, da bleiben und mitgehen wird. Freundschaftliche Verlässlichkeit in Beziehung, in gewisser Weise eine „Letztverlässlichkeit"[1], die sich bewährt und die trägt, im Grunde auch über den Tod hinaus.

Dieses Büchlein braucht ein wenig Mut und soll etwas Mut zurückgeben. Wofür? Um die Dinge des Lebens *zu Ende zu denken*. „Zu Ende denken" bezeichnet einerseits eine gewisse Konsequenz und einen gewissen Durchdringungsgrad des Denkens. Wenn jemand „zu Ende denkt", so hat er oder sie die Folgen bedacht, sich auch den unangenehmen Dingen gestellt, die zunächst gar nicht ins Bewusstsein wollten, weil sie auch schmerzen. So ein Denken ist *vollständig*. Es gehört zur Verantwortung – und ein wenig zum „Schmerz" des Denkens –, die Dinge zu Ende zu denken. Und eines dieser schmerzenden Dinge für das Denken ist durchaus das Ende, eine dieser schmerzenden Erfahrungen des Lebens selbst. „Zu Ende denken" heißt dann, zweitens, das Ende des Lebens mitbedenken, auf das Ende hindenken, ja sogar das alltägliche Leben

---

1 Charta zur Betreuung schwerstkranker und sterbender Menschen in Deutschland: http://www.charta-zur-betreuung-sterbender.de/

im Jetzt vom Ende her betrachten. Einer alten, antik-philosophischen Überzeugung zufolge sind gerade diese Konsequenz und dieser Mut notwendig, um das Denken klarer zu machen, bereiter für die eigentlichen Möglichkeiten des Glücks, für die Relativierung des Selbst und die Offenheit für die anderen lebenden Wesen dieser Welt.

So ein Denken entspricht der „Sorge". Eine davon ist die beschwerte, das Gefühl ängstlicher Bekümmerung. Wer möchte dieses Gefühl leugnen mit Blick auf das Lebensende, das höchste Alter? Der Tod, der Voraus-Blick auf eigene mögliche Gebrechlichkeit, das Sich-selbst-Fremdwerden, das Leiden anderer wecken, die Sorge. Die zweite Seite der Sorge ist aktiv. Sorgen heißt: Verantwortung übernehmen, sich kümmern, bedenken, gestalten, nicht ausweichen. Der Mut zur Sorge meint einen solchen doppelten Mut. Auf dem Spiel stehen die geistigen und praktischen Grundlagen für eine neue Lebenskunst in der Gesellschaft des langen Lebens.

*Dem Ökumenischen
Hospizverein Rheingau und
Beate Jung-Henkel
gewidmet*

Inhaltsverzeichnis

ERMUTIGUNG grundsätzlich

ERMUTIGUNG

Wir brauchen Mut

Wir brauchen heute Mut. In verschiedener Hinsicht. Natürlich, um angesichts der Gefährdungen, Bedrohungen und Infragestellungen dieser Welt unseren eigenen Lebensfaden immer wieder aufzunehmen, unsere Lebensgeschichte mit Anderen fortzuschreiben.

Wir brauchen Mut, auch etwas abgründiger, um in den Krisen und Unvorhersehbarkeiten, den Bedrohungen, dem Terror, den Katastrophen und Kriegen in dieser Welt nicht zu verzagen.

Wir brauchen Mut, um unsere persönlichen Auffassungen nicht zu verraten und einzutreten für das, was uns wichtig ist, gerade im Gegenwind und im Widerstand.

Wir brauchen Mut, wenn wir erkennen, dass wir immer wieder neue Anläufe unternehmen müssen, um ein Ziel zu erreichen.

Und ganz unmittelbar brauchen wir Mut, um mit unseren körperlichen Veränderungen, den Einschränkungen in unserer Leistungsfähigkeit, mit den Erinnerungslücken und dem Nachlassen der Gedächtnisleistungen, mit den Vorboten des Alterns und den leisen Anzeichen des Krankseins und letztlich des Sterbens umzugehen.

Viele Menschen fürchten mit fortschreitendem Lebensalter die Kontrolle zu verlieren über ihren Körper (Inkontinenz) und über ihren Geist (Demenz).

Woher nehmen wir heute den Mut zum Leben, zum Altwerden und den Mut zum Sterben?

Wie können wir klüger, weiser, gelassener werden?

Wen nehmen wir an die Hand, was nehmen wir zur Hand, und wie nehmen wir unser Leben in die Hand?

Wie können wir buchstäblich mit den Händen begreifen, was uns guttut, heute und erst recht morgen?

Wir sind überzeugt, dass Mut in der Beziehung zu Anderen wachsen kann. Als Menschen sind wir zeitlebens auf Andere angewiesen und verwiesen, die sich für uns interessieren, in deren sorgender Aufmerksamkeit wir uns mitteilen können, ja überhaupt erst unsere Sorgen formulieren können.

Ein Buch zur Hand nehmen

(Handbüchlein)

Insbesondere die griechischen und römischen Philosophen und Philosophinnen (etwa die Stoiker oder die Epikureerinnen) der Antike führten ein „Handbüchlein der Lebensklugheit" mit sich. Wichtige Einsichten aus dem Lebensvollzug wurden festgehalten. Man schrieb sie auf, um sie nicht zu vergessen. Um ein gutes Leben zu führen, waren solche Einsichten unverzichtbar zu erinnern. Mit einem solchen Handbüchlein schulte man wiederlesend – in der alten, frühchristlichen Mönchstradition kannte man dafür das Wort ruminatio: das Wiederkauen – das Gedächtnis.

Tragende Leitsätze und anregende Leitfragen waren so immer „bei der Hand". Sie sollten zum festen Bestand der eigenen „Lebenskunst" und Lebenshaltung werden, zu einer selbstverständlichen Lebenshaltung. Die Konturen des Lebens wurden so festgehalten, Schicksalsschläge, Erfahrungen der Endlichkeit des menschlichen Lebens, Erschütterungen durch Krankheit und Alter, Schmerz und Leid sollten Halt und Gestalt finden. Die Ermahnungen und Ermutigungen an sich selbst dienten dazu, dem Leben und den Lebenslagen gewachsen zu sein oder zumindest damit zurechtzukommen. Manchmal war es sogar möglich, sich beispielsweise mit irgendeinem Winkel der Seele über das Leiden zu „erheben"[2].

---

2   Patrick Schuchter: Lebensklugheit in der Sorge. Ermahnungen an mich selbst. Unter Mitarbeit von Klaus Wegleitner und Sonja Prieth, Innsbruck: Studien Verlag 2016 („Landecker Handbüchlein").

Als philosophische, gar „weise"; Menschen galten deshalb in der Antike nicht diese Autoren unlesbarer Bücher oder jene „Professoren" an der Universität, wie das heute der Fall ist. Weise ist der Mensch mit einer, wie Sokrates (5. Jh. v. Chr.) das nannte, „geprüften" Lebenserfahrung.

Weise sind Menschen, die etwas durchlebt und durchlitten hatten (insbesondere in den Brüchigkeiten und Grenzerfahrungen der eigenen Existenz).

Weise und klug werden

Weise sind Menschen, die nicht einfach nur gelebt und gelitten, sondern das existenziell Erlebte auch durchdacht, innerlich ausgehalten und durchgearbeitet haben.

Weise sind Menschen, die Erkenntnisse und Einsichten zur Sprache bringen und diese für andere hilfreich kommunizieren können. Der weise Mensch ist der philosophische.

Philosophen als weise Menschen waren gewissermaßen „Kundschafter", so der Stoiker Epiktet (1. Jh. n. Chr.), in den wesentlichen Erfahrungen und Fragen des Lebens. Sie verfügten über „praktische Weisheit" oder „Lebensklugheit" und waren auskunftsfähig und gesprächsbereit.

Insgesamt war die Philosophie keine elitäre Angelegenheit – sondern einfach der Ausdruck dafür, dass über wesentliche Lebensfragen gemeinsam nachgedacht und diskutiert wurde. Gerade von den „Grenzerfahrungen" im Leben – im Sterben, in der Gebrechlichkeit und Zerbrechlichkeit, in der Einsamkeit von Hilfsbedürftigkeit, im Leiden an der Sorge um und in der Sorge für andere – werden die wesentlichen Fragen des Lebens freigelegt und geweckt:

| Was ist ein gutes Leben, was ein gutes Sterben?
| Worauf kommt es an im Leben?
| Welches Leben möchte und kann ich leben?
| Inwieweit lebe ich das Leben, das ich leben will, und nicht das, was andere, die Umstände, meine Geschichte mir nahelegen oder von mir erwarten?

- Was müsste ich also ändern, was aufgeben, wen oder was verlassen?
- Wie kann ich leben ohne meinen Partner, ohne die geliebte Frau, ohne Freunde?
- Was schulden wir einander, wenn wir in Ehe(n), Beziehungen, Familien und Freundschaften verbunden sind?
- Wie kann ich das Drückende und Belastende, etwa ein Gefühl des Sich-schuldig-Fühlens, auflösen?
- Inwieweit muss ich mich schuldig fühlen, wenn ich meine Mutter ins Pflegeheim „bringe"?
- Was schulde ich meinen Eltern, was anderen Menschen, den Freunden?
- Was kann ich selbst geben, wie kann ich mich geben, ohne mich aufzugeben?
- Inwieweit erfordert ein Geben auch ein Empfangen, eine Gabe auch eine Gegengabe?
- Welche Gabe kann ich absichtslos schenken?
- Wie gehe ich mit einer, meiner letzten persönlichen Einsamkeit um?
- Welche Beziehungen sind mir aus der Vergangenheit und Gegenwart wichtig?
- Gibt es etwas, das mir wichtiger ist als mein bloßes Überleben?
- Was oder wer trägt mich „eigentlich" im Vor-Letzten?
- Was ist ein gutes Leben, was bedeutet es, ein Leben zu haben und nicht bloß am Leben zu sein?
- Bei allen Lebensumbrüchen und -bewegtheiten: Wer bin ich selbst und wie bleibe und werde ich ich selbst?
- Wofür bin ich dankbar?
- Wem gegenüber möchte ich meinen Lebensdank ausdrücken?

Inwendig lernen

Wichtig war es in der Antike, dass man die Einsichten, die in einem Handbüchlein notiert wurden, nicht wie „Dogmen" oder nur abstrakte theoretische Sätze verstand, die auswendig zu lernen waren. Nein, vielmehr galt es, sie inwendig aufzunehmen. Sie dienten der *täglichen Übung* – mit dem Ziel, ein wenig weiser zu werden, sein Leben gelassener, also klüger zu führen. Es ging darum, sich mit bestimmten Themen und Fragen immer wieder auseinanderzusetzen, um allmählich in schwierigeren Lebensfragen eine größere Klarheit zu gewinnen und zu einer weisen Haltung heranzureifen, fragend, hoffend, erwartend.

Wie man mit philosophischen Themen und Fragen in diesem Sinne umgeht, das hat Rainer Maria Rilke in seinen „Briefen an einen jungen Dichter" unnachahmlich (weil prägnant und doch vollständig) auf den Punkt gebracht. Da heißt es: „Man muss Geduld haben gegen alles Ungelöste im Herzen und versuchen die Fragen selbst lieb zu haben; denn wenn man die Fragen lebt, lebt man vielleicht allmählich, ohne es zu merken, eines fremden Tages in die Antwort hinein."[3]

Es geht also nicht darum, sich Grundsätze, die ein für alle Mal wahr zu sein scheinen, einzuhämmern, sondern darum, gewisse Themen immer wieder fragend aufzunehmen, Fragen zu leben, ja, sie „lieb zu haben", mit ihnen zu leben, mit ihnen umzugehen, ohne sie zu umgehen, sie mit sich und in sich zu tragen, in ruhiger Gelassenheit.

---

3   Rainer Maria Rilke: Briefe an einen jungen Dichter, Leipzig: Insel 1950, S. 21.

Sorge und Fragen tragen

Im Projekt „Sorge tragen – mit und für alte Menschen im Rheingau" (das von Beate Jung-Henkel und dem ökumenischen Hospizverein Rüdesheim angeregt wurde)[4], haben wir in Workshops und Gesprächsrunden solches Lebenswissen für heute freigesetzt. Wir haben Erfahrungen aus existenziellen Lebenssituationen erzählt. Wir haben Kernfragen des Lebens, des Alterns und Sterbens berührt. In diesem zuhörenden Austausch wurden wichtige Lebenseinsichten an- und ausgesprochen.

Wir haben mit Bürgerinnen und Bürgern verschiedener Generationen einen Austausch eröffnet. Es waren ältere, alte Menschen dabei, ehrenamtliche HospizmitarbeiterInnen, Pflegepersonen und viele andere. Faktisch haben wir miteinander gesprochen, sind uns, obwohl anfänglich manchmal fremd, nähergekommen. Wir haben uns aufeinander eingelassen, uns persönlich mitgeteilt. In diesem Gesprächsnetz waren viele philosophisch-existenzielle Themen aufgehoben. Es tauchten Einsichten auf, die für die eigene individuelle Lebensführung und die Lebensgestaltung Anderer insgesamt von Bedeutung sind.

Eine wesentliche Erfahrung, die im Laufe eines Gesprächs offenkundig wurde, ist: dass durchaus viele Angebote für SeniorInnen und alte Menschen existieren. Es gibt viel Unterhaltung, aber man unterhält sich zu wenig wesentlich. Es gibt Bespaßungsangebote, die ältere Menschen eher voneinander und von jüngeren Menschen fernhalten, indem sie sie konsumieren. Und

---

4   Siehe Nachwort.

es gibt zu wenig Impulse, durch die man einander wirklich näher kommt. Die „existenziellen, eigentlichen Anliegen" kommen dadurch zu kurz, etwa rings um die Frage: „Was brauche ich für ein gutes Leben bis zuletzt?"

Im Laufe der ersten beiden Workshops hat sich schließlich inmitten einiger vordergründiger Themen als in der Tiefe stets begleitendes Leitmotiv oder als ein Leitbegriff der „Mut" herauskristallisiert: Was macht Mut in allen Widrigkeiten? Oder: Wofür braucht es Mut? Diese vertiefenden „Rheingauer Ermutigungsgespräche" wurden von uns dokumentiert – und aus den Dokumentationen konnten wir schließlich Themen, Fragen, Leitsätze identifizieren, die:

| für eine Einübung in eine kluge Sorge für mich und Andere im Altsein und Altwerden heute wichtig sein können,
| die darüber hinaus aber insgesamt für das Leben von Bedeutung sind,
| die einerseits ermutigen,
| andererseits aber auch ihrerseits oft Mut verlangen
| und an den eigenen Mut appellieren, die Sorge um sich und Andere, eine umfassende Umsorge bis zum Lebensende mit Anderen zu leben.

Es ist allerdings nicht unwichtig, noch einmal ausdrücklich darauf aufmerksam zu machen, dass der Ökumenische Hospizverein die Initiative zu solchen Gespräche ergriffen hatte. Hospize sind ja mittlerweile ein fester und anerkannter Bestandteil unserer Gesellschaft. Mehr noch: Sie sind Orte, an denen die Auseinandersetzung mit den Lebensfragen einen alltäglichen Platz erhält, Orte, an denen Menschen einander zusichern: *„take care"*, nimm meine Sorge! Sei aufmerksam und behutsam und werde ruhig! Und vor allem: Übernimm dich nicht! Nimm dich nicht so wichtig! Werde demütig gegenüber der Krankheit und dem Leben und dem Tod!

David Servan-Schreiber ist Arzt, Onkologe und Buchautor. Das Antikrebs-Buch und „Die neue Medizin der Emotionen" wurden Bestseller. Beide Bücher hat er geschrieben als Reaktion auf und in Auseinandersetzung mit seiner eigenen Krebserkrankung, einem Gehirntumor.

Im Juli 2011 starb er an seinem Hirntumor, 19 Jahre nach der ersten Diagnose. Seinem letzten Buch „Man sagt sich mehr als einmal Lebewohl" (der französische Originaltitel akzentuiert ganz leicht anders: *„On peut se dire au revoir plusieurs fois"* – Man kann sich mehrmals Auf Wiedersehen sagen …) entnehmen wir folgende Einsicht.

Wie oft haben meine Freunde zu mir gesagt: „Pass auf dich auf." Sie wussten, dass ich durch die Welt eilte, von einer Konferenz zur nächsten, zu Interviews und neuen Projekten. Sie befürchteten, ich könnte mich übernehmen. Zu ihrer Beruhigung sagte ich: „Du hast recht, ich werde kürzertreten." Aber ich habe es nicht getan …

Ich glaube vor allem, dass ich so etwas wie eine Sünde des Hochmuts begangen habe, denn irgend-

wann fühlte ich mich quasi unverwundbar. Doch man darf nie die Demut vor der Krankheit verlieren. Niemand besitzt eine unbesiegbare Waffe gegen sie, die besten Möglichkeiten der modernen Medizin können scheitern. Es ist ein großer Fehler zu vergessen, wie entscheidend die Biologie ist. Während also Demut angebracht gewesen wäre, beging ich den Fehler zu glauben, ich hätte die Formel gefunden, die mir erlaubte gesund zu bleiben und mich gleichzeitig für Projekte, die mich begeisterten, zu verausgaben. Ich besaß die Schwäche zu glauben, ich wäre schon deshalb geschützt, weil ich mich an einige Vorsichtsregeln hielt: Ich achtete auf meine Ernährung, fuhr täglich Fahrrad, meditierte ein bisschen und machte jeden Tag ein bisschen Yoga. Ich glaubte, das gäbe mir das Recht, die grundlegenden Bedürfnisse meines Körpers zu ignorieren wie Schlaf, regelmäßige Rhythmen und Ruhe.

Wenn ich heute zurückschaue, springt mir der Irrtum ins Auge. Obwohl ich kein „wissenschaftliches Ein-Mann-Experiment" bin, glaube ich, dass man Lehren aus meinem Missgeschick ziehen kann: Man darf sich nicht übernehmen und erschöpfen. Zu den wichtigsten Schutzmaßnahmen vor Krebs gehört es, eine gewisse innere Ruhe zu finden. …

Ich für meinen Teil habe es nicht geschafft, diese Ruhe zu finden, und heute bedauere ich das. Ich habe es nicht geschafft, nahe bei der Natur und den natürlichen Rhythmen zu bleiben. Ich bin zu-

tiefst überzeugt, dass ein Spaziergang im Wald, im
Gebirge oder an einem Fluss perfekt geeignet ist,
neue Kraft zu schöpfen, vielleicht weil es uns er-
laubt, uns auf die Rhythmen der Jahreszeiten ein-
zustellen, was dazu beitragen kann, den Organis-
mus ins Gleichgewicht zu bringen und zu heilen.[5]

Diese Erkenntnisse wirken sehr schmerzhaft. Warum?
Weil es ein Auseinanderklaffen zwischen Erkenntnis
und Tun gibt. Dieses Muster ist natürlich sehr vertraut.
Man weiß, was man tun sollte, aber es gelingt nicht,
diese Einsicht im Alltag umzusetzen, in das tägliche
Leben zu integrieren, mehr noch, sein Leben umzu-
bauen. So braucht es etwa den Mut, „Nein" zu sagen
gegenüber Einladungen, scheinbar wichtigen Termi-
nen und unaufschiebbaren Verpflichtungen und dem
Gefühl, etwas zu versäumen und dadurch in seiner
Bedeutung relativiert zu werden.

Es braucht Mut, „eine gewisse innere Ruhe" zu finden.
Man muss Entscheidungen treffen. Entscheiden heißt
immer, auf Möglichkeiten zu verzichten, sich selbst be-
grenzen, seine Grenzen anerkennen und aus ihnen heraus leben. Entscheiden heißt auch, den Mut zur Unterscheidung aufzubringen. Die Antwort auf die Fragen
vollziehen: Was ist mir wichtig, was will ich selber, was
sollte ich tun und was eben nicht? Das Nachdenken
über den Mut ist nicht trivial. Betrachten wir aber zunächst in wenigen kleinen Gedankengängen den Mut
etwas genauer!

---

5   David Servan-Schreiber mit Ursula Gauthier: Man sagt sich mehr
    als einmal Lebewohl. On peut se dire au revoir plusieurs fois. Aus d.
    Franz. von Ursel Schäfer, München: Kunstmann 2012, S. 60–62.

Mut zum Mutigsein

Was hat es mit dem Mut auf sich? Im Alltag reden wir durchaus schnell und ohne größere Gedanken davon, dass jemand mutig agiert, Mut bewiesen habe oder jemand „seinen Mut zusammennehmen möge …" und dergleichen. Verweilt man aber etwas länger bei der Sache und fragt sich, was der Mut eigentlich ist, so macht man wohl die Erfahrung, dass der Mut eigentlich sehr schwer greifbar ist.

Zunächst lohnt es sich, den Mut im Verhältnis zur Angst zu betrachten – da kommt schnell die Einsicht: „Mut ist nicht Furchtlosigkeit. Wäre jemand furchtlos, so bräuchte er gar keinen Mut. Paradoxerweise bringt die Furcht den Mut eher hervor. Furcht und Mut leben neben- und miteinander … sie sind ein existenzielles Paar."[6]

Mut gibt es also nicht ohne Angst oder Furcht. Habe ich überhaupt keine Angst – so brauche ich auch keinen Mut. Ich lebe im vertrauten Gang der Dinge. Sind Angst und Verzweiflung hingegen total – so wird es nicht mehr möglich, den Impuls des Mutes, etwas zu tun oder zu ertragen, in sich wahrzunehmen und aufzunehmen, sich also selbst zu ermutigen. Die Demütigung oder die Entmutigung sind dann komplett. Jedenfalls ist der Mut ein *Zwischen*, er entfaltet sich in *ambivalenten* Situationen. Dieser Gedanke hilft uns, nicht allzu einfachen Vorstellungen von Mut zu verfallen. Der Mut ist nicht das Andere der Angst, sondern etwas *mitten in* der Angst.

---

6   Allan Kellehear: The Inner Life of the Dying Person, Columbia 2014, S. 55.

Dann wird es deutlich und möglich zu denken, dass Mut nicht die gespielte und zugeschriebene, filmisch inszenierte Eigenart von „Helden und Heldinnen" ist. Es gibt eben auch „Helden und Heldinnen des Alltags", eindrucksvolle und beispielsetzende Menschen im Kranksein, im Altwerden, im Sorgen um Andere. Denn gerade in solchen Formen von Leiden, Einschränkungen, existenziellen Krisen, Unsicherheiten und Ängsten wird Mut spürbar. Etwa der Mut zur Sorge überhaupt und ein Mut, der aus der Sorge erwächst und in der Angst aufgebracht wird.

Zumindest meinte das auch Henning Mankell, der am 5. Oktober 2015 im Alter von 67 Jahren gestorben ist, der schwedische Weltbestseller-Autor des Kommissars Wallander. Konfrontiert mit seiner Krebsdiagnose schreibt er ein letztes Buch: „Treibsand. Was es heißt, ein Mensch zu sein". Dieses Buch rekonstruiert in vielen kleinen Erzählungen wichtige Erkenntnisse und Einsichten seines bewegten Lebens zwischen Europa und Afrika.

Da er ein Mann des öffentlichen Lebens war, wird über seine Erkrankung in den Medien berichtet, was dazu führt, dass sein alter Freund Göran sich nach 50 Jahren Funkstille mit der Frage meldet: „Was schreibt man jemandem, der an Krebs erkrankt ist?"

> *Natürlich hatte er recht mit seiner Unsicherheit. Was sagt man? Und was sagt der Kranke sich selbst? Nachdem ich mich aus dem Treibsand herausgearbeitet hatte, war eines meiner ersten Anliegen, die Frage von Mut und Angst zu formulieren.*

Kann man Mut beweisen, ohne sich seine Angst einzugestehen? Ich halte das nicht für möglich. Angst ist so viel mehr als die primitive und elementare Furcht zu sterben. Das Raubtier sieht dich, aber du siehst das Raubtier nicht. Der Tod betrachtet dich immer als rechtmäßige Beute. Aber Angst kann ebenso die Furcht vor einem Schmerz sein, der sich nicht lindern lässt. Oder die Furcht, eines Tages nicht mehr dabei zu sein und nicht mehr zu erleben, was am nächsten Tag geschieht und am übernächsten. Die Furcht vor dem Tod entspringt einer Mischung aus rationalen und irrationalen Gründen, Einbildungen und der biologischen Notwendigkeit. Das Fundament des Lebens.

Die Angst ist natürlich und bedingt durch die einfache Wahrheit, dass wir um unsere Sterblichkeit wissen, was uns von anderen Arten unterscheidet. Die Katzen, die ich in meinem Leben gehabt habe, wussten nichts von ihrem Tod. Sie wussten nicht einmal, dass sie lebten. Sie waren einfach da, Tag um Tag, jagend, faulenzend, miauend. Unser menschliches Ich ist nichts anderes als das Wissen um unsere Sterblichkeit. Wer sich seine Angst vor dem Unbekannten eingesteht, begreift, was es bedeutet, ein Mensch zu sein.[7]

Der Angst vor dem Unbekannten entspricht der ungreifbare Ursprung des Mutes. Dieser Mut wird in ganz ähnlicher Weise auch im Verhältnis zum *Vertrau-*

---

7 Henning Mankell: Treibsand. Was es heißt, ein Mensch zu sein. Aus dem Schwed. von Wolfgang Butt, Wien: Zsolnay 2015, S. 119–120.

en, gewissermaßen zum Gegenteil der Angst, deutlich. Habe ich schlicht und einfach Vertrauen in einen guten Ausgang, so brauche ich keinen Mut etwas zu ertragen oder zu vollziehen; habe ich überhaupt kein Vertrauen in meine oder andere Kräfte, so gibt es einfach keinen Mut. Mut hat es mit einer Übermacht zu tun. Aber auch mit etwas, das einen *trotzdem* trägt. Und wiederum: in der Sorge – um sich, weil man gebrechlich oder krank wird; um Andere, um die man sich kümmert – braucht man Mut, um zu vertrauen; andererseits kann durch die Sorge auch ein Vertrauen erwachsen, das so noch nicht greifbar war und einen zu mutigem Ertragen oder Handeln befähigt.

Der Mut hat es mit dem Handeln – als Aktivität, aber auch als Ertragen –, der Entschiedenheit und Entschlossenheit in ambivalenten Situationen in der *Gegenwart* zu tun. Vergangener Mut beweist nicht, dass ich auch hier und jetzt mutig bin, zukünftiger, erhoffter Mut erst recht nicht. Dabei ist der Impuls des Mutes keine Nebensache in der Welt, sondern hat mit unserem Personsein im Innersten zu tun: Gerade in ambivalenten Situationen zeigt sich, wer wir sind oder was uns wichtig ist.

Der französische Medizinethiker Bruno Cadoré hat den Gedanken geäußert, dass insbesondere in Grenzsituationen, wie sie sich im Kranksein und im Altwerden ergeben, Menschen und Gesellschaften darüber entscheiden, wer sie sind und sein wollen, welches Selbstverständnis sie entwickeln.[8] Dafür müssen sie

---

8   Bruno Cadoré: L'éthique clinique comme philosophie contextuelle, Québec: Fides 1997.

freilich die Möglichkeit haben, nicht passives Objekt ihrer Krankheit zu sein, sozusagen ein Werkstück, in das man ingenieurhaft eingreift. Kranke brauchen die Unterstützung, sich in Beziehung zu setzen, um ihr verändertes Leben als Subjekt zu verstehen. Und das bedeutet immer wieder, dass sie wesentliche Gespräche benötigen, in denen sie sich selbst thematisieren können, in den Ängsten, in Wut und Zorn, in den Traurigkeiten und Depressionen.

Christoph Schlingensief (1960–2010), der bekannte Film-, Theater- und Regietheaterregisseur und Autor, schreibt, mit der Diagnose Krebs konfrontiert, während seiner Behandlungen ein Buch: „So schön wie hier kanns im Himmel gar nicht sein! Tagebuch einer Krebserkrankung", das vor allem durch seine Offenheit berührt, und erinnert daran, dass der Mut auch die Eigenschaft hat, sich auf jemand Anderen einzulassen, sein schweres Schicksal anzusprechen und die Möglichkeit zu einem offenen wesentlichen Gespräch zu geben.

Wenn man diese Betroffenenforen im Internet liest, wird einem ganz schlecht, da wird man sofort noch schlimmer krank. Und man merkt, was für eine Hilflosigkeit in diesem Gesundheitssystem steckt. Das muss mal laut und deutlich gesagt werden, was da für eine Hilflosigkeit, eine Unfähigkeit herrscht. Weil die Menschen nicht nur allein gelassen werden mit ihren Ängsten, sondern auch statisch gemacht werden in ihrer Verzweiflung. Sie bekommen mitgeteilt, dass sie krank sind, und geraten dann in einen Prozess, der sie völlig entmündigt. Nicht die Krankheit ist das Leiden, sondern der Kranke leidet, weil er nicht fähig ist zu reagieren, weil er nicht die Möglichkeit hat, mitzumachen. Er ist dem System ausgeliefert, weil niemand in diesem System bereit ist, ernsthaft mit ihm zu sprechen. Klar: Diagnose, Prognose, Therapie, es wird beinhart aufgeklärt, aber wirklich miteinander gesprochen wird nicht.

Dabei könnte man allein dadurch helfen, dass man mit den Menschen spricht, zu Gedanken animiert oder nach Ängsten und Wünschen fragt. Denn dann wäre der Kranke wieder am Prozess beteiligt, dann wäre er aus dieser Statik befreit, die einem die Krankheit aufzuzwingen versucht.[9]

Darauf kommt es ja gerade an: Den kranken Menschen, der sich durch sein Leiden fremd geworden ist, nicht noch weiter von sich zu entfernen, einem fremden System mit einer fremden Sprache auszuliefern, sondern, indem er am Prozess der Auseinandersetzung mit der Krankheit beteiligt wird, wieder mit sich selbst in Kontakt zu bringen. Der Mut hat ja auch eine begriffsgeschichtliche gemeinsame Wurzel mit „Gemüt" (althochdeutsch: *muote*, später *gemüete*), was „gewissermaßen die Wesensmitte eines Menschen, sein vitales und spirituelles Zentrum"[10] bezeichnet. Im Mut entscheidet sich also, wer wir sind, wer wir sein wol-

---

9   Christoph Schlingensief: So schön wie hier kanns im Himmel gar nicht sein! Tagebuch einer Krebserkrankung, Köln: Kiepenheuer & Witsch 2010, S. 87–88.

10 Thomas Stölzel: Staunen, Humor, Mut und Skepsis. Philosophische Kompetenzen für Therapie, Beratung und Organisationsentwicklung, Göttingen: Vandenhoeck & Ruprecht 2012, S. 211f.

len, wer wir sein *sollen*, wer wir sein können. In seinen Untersuchungen zum inneren Erleben Sterbender hat Allan Kellehear den Mut als wesentliche Kategorie ausgemacht und entdeckt, wofür Mut angesichts des Sterbens, der Hinfälligkeit und Endlichkeit, der radikal spürbaren Begrenztheit des Lebens aufgebracht wird:

> *Es geht weniger darum, das eigene Überleben zu schützen, als um den Erhalt und den Schutz der Dinge und Menschen, die man schätzt … sowie die Würde, die sozialen Bindungen … und die darin eingebettete Identität. Menschen begegnen dem Tod mit Mut, nicht so sehr um den Tod selbst zu vermeiden, als vielmehr um Andere vor Schaden zu schützen.[11]*

Durch den Mut in der Konfrontation mit der Endlichkeit werden wir in einem gewissen Sinn „mehr" als wir sind und wachsen über uns hinaus. Der Mut der Sterbenden ist oft ein *Mut für andere* und für das, was im Leben als wertvoll und kostbar erachtet wird, für alles, was über den Tod hinaus gepflegt sein will: insbesondere unsere Beziehungen und die Erinnerung daran. Schon Sokrates sagte, vom athenischen Gericht zum Tode verurteilt, ihm sei *das gute Leben wichtiger als das bloße Über-Leben.*

Mut zählt in der Ethik übrigens zu den Tugenden – und wie jede Tugend hat auch der Mut seine Eigenheiten. Der Mut ist die Tugend der Endlichkeit par excellence. Wie der Philosoph André Comte-Sponville

---

11 Allan Kellehear, a. a. O., S. 71.

es ausdrückt: „Der Mut hat nur Sinn in der Endlichkeit und Zeitlichkeit … Ein Gott bräuchte ihn nicht."[12]

Tatsächlich lassen sich die anderen Tugenden sozusagen verunendlichen – also als vollkommen denken, während sie im Menschen nur unvollkommen vorhanden sein können: Gott *ist* unendlich weise, gerecht, großherzig usw. – ja Gott *ist* die Weisheit, Gerechtigkeit, die Liebe. Hingegen macht es wenig Sinn zu sagen, Gott sei *mutig* (es sei denn als Inkarnation in der endlichen Welt, eben als Mensch). Der Mut ist gerade in der Bewährung, in der Konfrontation mit der Endlichkeit „vollkommen". Merkwürdig ist aber, dass der Mut als Tugend nicht wirklich *eingeübt* werden kann. Unter einer „Tugend" wird in der Ethik eine durch Übung erworbene, positiv bewertete Fähigkeit in grundlegenden menschlichen Tätigkeiten verstanden. Gerechtigkeit kann man beispielsweise durch gerechte Handlungen einüben, die Großzügigkeit durch großzügige – aber genau für die Ausübung der anderen Tugenden brauche ich im entscheidenden Augenblick: *Mut*. Der Mut ist die Tugend, ohne die die anderen Tugenden nichts sind, weil sie nicht praktisch werden. Woher kommt er dann, der Mut – überhaupt aus „mir" selbst? Letztlich ist der Mut ein etwas geheimnisvoller Impuls, Leid zu ertragen und zu überwinden, für das Kostbare im Leben, oft für das, was kostbarer ist als das Leben, standhaft zu bleiben.

---

12 André Comte-Sponville: Ermutigung zum unzeitgemäßen Leben. Ein kleines Brevier der Tugenden und Werte. Petit traité de grandes vertus, Reinbek bei Hamburg: Rowohlt 1997, S 72.

Habe Mut!

In den Rheingauer Gesprächen über Mut und Ermutigungen im Altsein und Altwerden hat sich beim nochmaligen Lesen der Workshop-Dokumentationen herausgestellt, dass es sich lohnt, über die weiter unten folgenden Fragen und Themen nachzudenken, die folgenden Leitsätze fürs Leben sich zu Herzen zu nehmen. Freilich ist das eine *Interpretation* – und vor allem eine, die sich nicht immer an den offensichtlich primären Aussagen orientiert. Oft ist es eine Nebenbemerkung, eine bestimmte Formulierung, die ein Staunen hervorruft. Aber genau das Staunen, das, was einen bewegt, ohne dass schon gesagt werden könnte, was es genau ist, das da bewegt, setzt eine philosophische Bewegung in Gang. Mit den antiken „Handbüchlein der Lebensklugheit" hat es derart eine besondere Bewandtnis, die unbedingt berücksichtigt werden muss. Denn die Einsichten und Appelle und Fragen, die darin formuliert werden, richten sich eigentlich gar nicht an andere, sondern immer nur und konsequent an einen oder eine jeweils selbst, also gewissermaßen von mir an mich.

So hat etwa der Kaiserphilosoph Mark Aurel (2. Jh. n. Chr.) „Ermahnungen an sich selbst" geschrieben – und nicht an andere. Denn weder kann ich anderen für ihre Lebensführung etwas vorschreiben noch ihnen das eigene Nachdenken und Erringen von Einsichten abnehmen.[13] „Selbstdenken" lautet das oberste Gebot

---

13 Mark Aurel: Selbstbetrachtungen. Übersetzung, Einleitung und Anmerkungen von Albert Wittstock, Stuttgart: Reclam 2001. Zum Begriff der „Ermahnungen" vgl. Pierre Hadot: Die innere Burg. Anleitung zu einer Lektüre Mark Aurels. Aus dem Französischen von Makoto Ozaki und Beate von der Osten, Berlin: Eichborn 1997.

der Philosophie – und nicht etwa „Fremddenken". Die (mehr oder weniger kluge) „Klugheit" ist radikal persönliches Wissen. Aber: Ich kann es teilen – in der Hoffnung und der wohlwollenden Absicht, dass für andere eine Anregung möglich wird, eigene Leitsätze und Ermahnungen an sich selbst zu entwickeln.

Der Philosoph Arthur Schopenhauer (1788–1860) hat dazu gesagt, dass es eine merkwürdige Sache in der Philosophie sei, dass anderen letztlich nur das zugutekommen kann, was jemand für sich selbst durchgedacht hat. Denn sich selbst würde man schon keine „hohlen Nüsse"[14] reichen. Gleichzeitig braucht es aber natürlich auch für das eigene Durchdenken den Impuls und die Anregung von anderen.

---

14 Arthur Schopenhauer: Sämtliche Werke. Textkritisch bearbeitet und herausgegeben von Wolfgang Frhr. von Löhneysen, Frankfurt am Main: Suhrkamp 1994, Bd. I, S. 17.

Was man wissen sollte

Um die Trag- und Reichweite des Gedachten und Diskutierten nicht zu unterschätzen, haben wir schon begonnen, die aufgeworfenen Fragen und Einblicke mit anschlussfähigen Einsichten und Erkenntnissen, Gedanken und Intuitionen aus Philosophie, Soziologie, Literatur und anderen Disziplinen zu verbinden. Das zeigt: Das eine hat mit dem anderen zu tun, das Konkrete mit dem Allgemeinen. Wir denken über diese Verbindung in der Regel zu wenig nach – noch seltener schaffen wir Orte, wo die konkreten Sorgen und Einsichten in ihrer allgemeinen Reichweite erkannt und praxisrelevant gemacht werden bzw. die allgemeinen Diskurse ihren lebendigen Ort in den Gefühlen, Meinungen, Geschichten und Praktiken der Leute, ihren Sitz im Leben haben können.

Wir verstehen die Ermutigungen als Produkt der Lebensklugheit und Lebenserfahrung von Menschen, die mit der Sorge im Altsein und Altwerden umgehen – und die sich kraft ihres eigenen Verstandes und ihrer eigenen Gefühle für die Dinge ein gutes Leben bis zuletzt gemeinsam gestalten wollen. Das heißt auch: sich nicht von den gegebenen Strukturen und dem „geheiligten Lauf der Dinge" beschränken und von der Dominanz von Experten und Expertinnen in dieser Gesellschaft entmutigen lassen wollen. Für die Frage „Wie wollen wir leben und sterben?" kann es ohnehin keine ExpertInnen geben. Dieser Prozess gemeinsamer Selbsterhellung in zentralen Fragen des Lebens und der Gesellschaft mit dem Ziel, das gute Leben mit und für Andere in gerechten Institutionen nicht gewachsenen

Strukturen und Traditionen oder unhinterfragten Autoritäten zu überlassen, wird seit dem 18. Jahrhundert „Aufklärung" genannt. Vor diesem Hintergrund kann man getrost einen der philosophischsten Grundsätze, die in der Geschichte des Abendlandes formuliert worden sind und den Mut als zentrale Kategorie enthalten, im Originaltext in Erinnerung rufen:

> *Aufklärung ist der Ausgang des Menschen aus seiner selbstverschuldeten Unmündigkeit. Unmündigkeit ist das Unvermögen, sich seines Verstandes ohne Leitung eines anderen zu bedienen. Selbstverschuldet ist diese Unmündigkeit, wenn die Ursache derselben nicht am Mangel des Verstandes, sondern der Entschließung und des Mutes liegt, sich seiner ohne Leitung eines andern zu bedienen. Sapere aude! Habe Mut, dich deines eigenen Verstandes zu bedienen! ist also der Wahlspruch der Aufklärung.[15]*

Jedenfalls und im Sinne Rainer Maria Rilkes und Immanuel Kants: Es gibt die Hoffnung, dass durch den wiederholten Umgang mit nachstehenden Fragen und Themen, wir – als einzelne Personen, aber auch als Bürgerinnen und Bürger in unserer Sozialität in Vierteln, Gemeinden, Nachbarschaften, der Gesellschaft – vielleicht mit der Zeit in einen Lebensmut angesichts der Endlichkeit hineinwachsen, den wir so noch nicht kennen und der uns in einem tieferen Sinn zur Sorge um sich und andere – mit anderen Worten: zu einem guten Leben befähigt.

---

15 Immanuel Kant: Was ist Aufklärung? Berlin 1784.

Als ich meine Krebsdiagnose erhielt, dachte ich natürlich keinen Moment daran, sie geheim zu halten. Warum sollte ich? ... In jenen Tagen habe ich häufig an die Worte gedacht, die Selma Lagerlöf in Der Fuhrmann des Todes schreibt: „Gott, lass meine Seele zur Reife kommen, ehe sie gerettet wird."

Der religiöse Unterton muss einen nicht stören. Die Wahrheit ist allgemeingültig, auch ohne die Beschwerung durch den christlichen Glauben. Menschen, die eine gewisse Form von seelischer Reife erlangt haben, verbergen sich nicht im Schatten. Sie lassen weiter von sich hören. Ich bin immer noch ein ganz und gar lebendiger Mensch, keiner, der am Rand des Grabes sitzt und die Beine baumeln lässt.

Ich gebe gern zu, dass ich mich in dieser Zeit zuweilen gewundert habe. Leute, von denen ich glaubte, sie würden sich in den Schatten zurückziehen, haben sich als stark genug erwiesen, den Kontakt zu halten, während andere, von denen ich mehr erwartet hatte, ziemlich schnell am Horizont verschwunden sind. Aber ich verurteile niemanden. Die Menschen sind, wie sie sind. Man braucht nicht viele Freunde, aber auf die, die man hat, sollte man sich verlassen können.[16]

Dieser letzte Satz scheint uns eine wunderbare und kostbare Einsicht zu enthalten. Man braucht nicht

---

16 Mankell, a. a. O., S. 156–158.

viele Freunde, aber auf die, die man hat, sollte man sich verlassen können. Freundschaft zeigt sich in der Verlässlichkeit. Freundschaft bis an das Lebensende in der „Letztverlässlichkeit". Und diese sorgende Freundschaft bzw. die freundschaftliche Sorge besteht gerade darin, sich dieser Angst und der eigenen Unsicherheit zu stellen, die Ängste und Unsicherheiten zu teilen. Die Stärke, Kontakt zu halten, von der Henning Mankell hier spricht, ist wohl nur im Durchgang durch diese Angst und diese Unsicherheit zu haben. Davon spricht auch die erste Ermutigung, die wir in unseren Gesprächen lernen durften.

ERMUTIGUNG
konkret

Auf Kräfte vertrauen, von denen ich jetzt nichts weiß, ja nicht einmal wissen kann

Ein guter Freund war schwer erkrankt. Mit seinem bal-digen Sterben mussten wir rechnen. Er selbst war aber voller Hoffnung: er würde wieder gesund werden und auf Urlaub fahren. Bei meinem Besuch schwelgten wir in gemeinsamen Erinnerungen. Die Angst war im Raum, dass wir auch auf das Thema Tod zu sprechen kommen würden. Er merkte auch, dass es ihm immer schlechter ging. Ich überlegte, was ich dann wohl sagen würde. Ir-gendwann aber sagte ich mir, dass ich mir keine Gedan-ken machen sollte und dass ich in der Situation schon die richtigen Worte finden würde. Das gab mir Mut! Und so war es dann auch, als die Situation kam. Es gibt uns Mut, ohne vorher darüber nachzudenken an die Situation heranzugehen und festzustellen, dass wir diese Situation bewältigen können.

„Nicht die Dinge selbst, sondern ihre Vorstellungen und Meinungen von den Dingen beunruhigen die Menschen", heißt es bei dem stoischen Philosophen Epiktet [17] (1. Jh. nach Christus). Mit dem Zugehen auf eigene Gebrechlichkeit verhält es sich ein wenig wie mit der Furcht davor, in einer schwierigen Situation die richtigen Worte zu finden. In beiden Fällen verwech-seln wir die Vorstellung von der Situation – die Furcht und Angst hervorruft – mit der Situation selbst. Dieses

---

17 Epiktet: Encheiridion (Handbuch der Moral) und Diatriben (Lehr-gespräche). In: Epiktet. Teles. Musonius. Ausgewählte Schriften. Griechisch-Deutsch. Herausgegeben und übersetzt von Rainer Nickel, Zürich: Artemis & Winkler 1994.

Phänomen zieht sich im Grunde durch das Leben, von den kleinsten Dingen zu den „Grenzsituationen"[18]:

Ich bereite mich auf einen Vortrag vor, mir will partout kein guter Einstieg einfallen. Ich sehe mich stammelnd und schwitzend vor dem Auditorium, mein Kopf ist leer. Die Erfahrung im Nachhinein zeigt aber: Der Einstieg hat sich immer aus der Situation ergeben, durch die Gespräche davor, durch einen Blick in die Gesichter, ein Bild an der Wand, durch die Begrüßung. Im Gegenteil: Ein gänzlich vorformulierter Einstieg in den Vortrag wäre steril, künstlich, ohne Verbindung zu den Menschen im Raum, ohne Verbindung zum eigenen situativen Gefühl, das ja nicht vorweggenommen werden kann. Die Lösung besteht darin: eine *Lücke* lassen, nicht mit den vorausgefertigten Vorstellungen die „Sache selbst" erdrücken.

Ich muss im Vorhinein meine Vorstellungen als solche erkennen können, verstehen, *dass* mir die Fantasie ausmalt, was nicht die Wirklichkeit ist. Die Klugheit besteht darin zu wissen, wann ich mir „keine Gedanken mehr machen" sollte.

Ähnlich scheint es auch in einer ernsteren Lebenssituation zu sein, wenn es darum geht, die Worte für einen Freund zu finden, der schwerkrank ist, eine Freundin, die vom Schicksal geschlagen ist, einen lieben Menschen, der vielleicht sterben wird. Sich offen bereiten – aber eine „Lücke" lassen, für den „Funken", den

18 Karl Jaspers: Psychologie der Weltanschauungen, München/ Zürich: Piper 1994.

Kontakt- und Gesprächsfaden, den ich in der Situation zu finden vertrauen kann, der sich aus der Begegnung, der Atmosphäre, dem eigenen Bauchgefühl ergibt.

All das, was ich nicht vorwegnehmen kann, weil die Normalsituationen des Lebens keine vergleichbare Erfahrung bereithalten und auf der Basis der Gewohnheiten nur falsche Vorstellungen entstehen.

Noch einen Schritt weiter ermutigt in analoger Weise das Vertrauen in unvorstellbare Kräfte, wenn wir an das Zugehen auf den Tod oder an die Möglichkeit eigener Krankheit oder Gebrechlichkeit denken. Dem – nur mutig zu ergreifenden – Vertrauen in unvorstellbare „Kräfte" entspricht eine – nicht minder Mut erfordernde – „Kritik" unserer allzu vereinfachten Vorstellungen und Fantasien als Gesunde. Als Gesunde im gewohnten Leben stehend, halten wir es für unvorstellbar, so krank, so schwach, so eingeschränkt zu sein.

„Das kann ja kein Leben mehr sein! Bevor es so weit kommt, bringe ich mich um!", schreit unser ganzes Gemüt. Unser *ganzes* Gemüt? Eben nicht. Die Klugheit besteht nicht darin, über ein Zukunfts-Ich (das wir in vielem gar nicht kennen) auf der Grundlage eines Jetzt-Ichs (von dem wir glauben, es sei alles und irgendwie „fertig") zu verfügen, sondern sie besteht darin, eine Lücke zu lassen, sich in eine Offenheit zu bewegen für Ideen, Möglichkeiten, Empfindungen, Perspektiven, die sich dann aus der Situation, aus der Begegnung mit anderen aus einem anderen Lebensgefühl heraus ergeben.

Es mag hier und heute unvorstellbar sein, mit (beispielsweise) einem künstlichen Darmausgang zu leben – aber Menschen, die sich in der Situation befinden, bringen sich ja nicht alle um. Im Gegenteil, sie lernen Trauer und Entsetzen über diese Lebenskatastrophe auszusprechen, sie lernen damit umzugehen, den künstlichen Darmausgang buchstäblich zu versorgen und darüber, Mut machend, zu sprechen. Noch vor wenigen Jahrzehnten, als die erste AIDS-Epidemie in Europa ankam, konnte man Ähnliches erleben. Meist junge und vitale Männer starben in kürzester Zeit, wurden aus der Mitte der Gesellschaft gerafft. Sie hatten sich infiziert mit HIV. Viele von ihnen erlebten sich schnell in ihrem Aktionsradius eingeengt, sie waren gezwungen, ein Leben zu leben, das sie als Gesunde nicht hätten erleben wollen, sie lernten die kleinen Dinge zu schätzen und in den Beschränkungen und Reduktionen Mut zu schöpfen. In einem Gespräch erzählte ein Betroffener, was es ihm an Kraft und Hoffnung gibt, wenn er aus seiner Wohnung hinuntergehen kann, um sich am Automaten „einen Tschik" zu holen, und wieder schweißüberströmt, aber glücklich den Weg in den ersten Stock zurückschafft.[19]

Ähnlich unterschätzen die Gesunden chronisch den Lebenswillen und die Lebenslust von Menschen mit Behinderung, von alten Menschen und sogar von Sterbenden.

---

19 Klaus Müller: „Ich habe ein Recht darauf, so zu sterben wie ich gelebt habe!" Die Geschichte der Aids-(Hospiz-) Versorgung in Deutschland, Ludwigsburg: der hospiz verlag 2012.

Es gibt deshalb einen Grundfehler in vielen Diskussionen um die „Sterbehilfe" und um die Vorsorge am Lebensende. Oft heißt es nämlich, es gehe darum sicherzustellen, dass jemand nach seinen Werten und Vorstellungen am Lebensende oder bei bestimmten Erkrankungen versorgt werde. Aber genau darin liegt das Problem, dass die Vorstellungen und Werte des Gesunden mit seiner momentanen Lebensempfindung und Gedankenwelt möglicherweise, ja sogar höchst wahrscheinlich nicht mehr die des Kranken sein werden.

Es ist ja nicht so, dass die Werte und Vorstellungen der gesunden Person dann im Ernstfall einfach zur Anwendung kämen, nein: denn die Krise ist ja eben auch eine Krise der Werte und Vorstellungen selbst.

Glaube also nicht daran, dass deine Vorstellungen von einem guten und würdigen Leben, die du dir jetzt als gesunder Mensch, in glücklichen Tagen machst, immer so eins zu eins auch im Unglück, in der Krise, der Verzweiflung, der Gebrechlichkeit oder einfach nur im Alter noch in der gleichen Form gültig sein werden.

Glaube vielmehr an die Vorläufigkeit deiner Werte und Vorstellungen, das gute Leben und Würde sind nie zu Ende gedacht gegeben, sondern immer wieder neu zu entdecken. Krisen sind nicht einfach ein „Anwendungsfall" deiner Werte und deines Lebensgefühls, sondern sie sind auch der Beginn eines neuen Lebensgefühls und einer „Umwertung der Werte" (Friedrich Nietzsche). Noch einmal anders und in den Worten einer älteren Teilnehmerin in einem philosophischen Café: „Bleibe offen für die Möglichkeit des Wunders!"

Die Worte „Kräfte" und „Vertrauen" verweisen schnell ins Religiöse – und schon bekommt die Gabe einen Geber und die Kraft einen Namen: „Gott". Stimmt vielleicht ja. Aber für viele Menschen ist im säkularen Zeitalter diese Antwort nicht mehr plausibel oder eine Überinterpretation. Es reicht vollkommen anzuerkennen – und es ist eine Erfahrung, die auch im künstlerischen Handeln immer wieder gemacht wird –, dass einige Einsichten, neue Wahrnehmungen und Ideen für Handlungsmöglichkeiten nicht ihren Ursprung in uns mit unserem berechnenden Verstand haben, sondern ins „Denken einfallen", uns verändern, zwischen Menschen und in der Situation ihren Ursprung haben. Das Ungreifbare, auf das wir vertrauen können, weil wir vertrauen müssen und dieses Vertrauen mutig wagen müssen, gehört – um es möglichst nüchtern und weltanschaulich neutral zu sagen – einfach zur Struktur unserer Erfahrung. Das können wir nicht *erzeugen*, aber uns dafür *bereiten*. Wie?

Der Philosoph und Psychiater Karl Jaspers würde sagen: durch *existenzielle Kommunikation*.[20] Indem wir nicht nur im Alltagsgeschäft handelnd aufgehen und pragmatisch oder plaudernd miteinander reden, sondern begleitend auch mit Anderen den tieferen Sinn unseres Tuns, unserer Gefühle und unserer Weltwahrnehmung ergründen – also in den alltäglichen Dingen den „letzten Fragen" auf den Grund gehen.

20   Karl Jaspers (1932): Philosophie. Band 2. Existenzerhellung, München/Zürich: Piper 1994.

David Servan-Schreiber reflektiert in diesem Zusammenhang die Einsicht von Marshall Rosenberg, des Erfinders der gewaltfreien Kommunikation, dass die wichtigste Quelle von Sinnerfahrung darin bestehe, zum Wohlergehen von Menschen in unserer Umgebung beizutragen. Er schreibt:

Die Familie ist in dieser Hinsicht ein ganz besonderer Ort. Etwas zum Wohlergehen seines Ehepartners beizutragen, ist herrlich, etwas zum Wohlergehen seiner Kinder beizutragen, ist eine Wonne. Nichts verleiht unserer Existenz mehr Sinn. Meine Kinder sind das Beste, was ich im Leben geschaffen habe.

Trotzdem empfinde ich tiefe Traurigkeit, wenn ich an Charlie und Anna denke, die noch so klein sind. Ich spreche unaufhörlich davon, etwas „beizutragen", aber ich fürchte, für diese bezaubernden Wesen, die es am meisten bräuchten, werde ich nichts tun können. Dennoch hoffe ich, dass ich ihnen wenigstens ein Bild hinterlasse, das ihnen helfen wird, wenn sie heranwachsen. Ich male mir die Videobotschaften aus, die ich mit der Webcam für sie aufzeichnen, und die Briefe, die ich für sie schreiben werde. Ich werde davon sprechen, was ich mir für sie erhoffe und was ich bereits in ihnen sehe. Von der Quelle ihrer Energie. Ich werde ihnen sagen, wie traurig ich bin, dass ich in ihrem Leben nicht präsent sein kann. Und auch, dass sie meiner Überzeugung nach in sich tragen, was sie brauchen, um ohne mich heranzuwachsen: die Erinnerung, sei sie auch schwach und indirekt, die sie an mich haben werden, und vor allem die Kraft ihrer Mutter.

Natürlich schiebe ich dieses Projekt hinaus, solange ich noch die Hoffnung auf Heilung habe. Aber ich wälze in meinem Kopf bereits die Worte hin und her, die ich an sie richten will. Wenn der Augenblick dann gekommen ist, wird es mir hoffentlich gut genug gehen, um die Botschaften aufzuzeichnen. Das ist übrigens eine gute Übung, auch wenn alles in Ordnung ist: überlegen, was wir unseren Kindern sagen würden, falls wir morgen sterben müssen.

Bei Sascha hatte ich das Glück, direkt über dieses Thema sprechen zu können … Ich habe ihm gesagt, dass ich nicht weiß, wie lange ich noch da sein werde. Dass ich wünschte, wir könnten uns in diesen letzten Monaten näher sein. Er hat mich angeschaut und ist in Tränen ausgebrochen. „Weißt du, Papa, es ist so schwer, einen kranken Papa zu haben …“

Wir haben gemeinsam geweint. Es war hart, aber es war möglich, darüber zu sprechen. Und für uns beide war dieses Gespräch sehr bewegend und zugleich sehr „nützlich" weil es uns erlaubt hat, uns gegenseitig unseren Schmerz zu erzählen.[21]

---

21   Servan-Schreiber, a. a. O., S. 141–143.

Sich in großen Sorgen den sogenannten kleinen Freuden zuwenden

Eine demente Frau fragt nach ihrem Mann. Ihr wird gesagt, dass dieser schon längst verstorben ist. Sie sagt: „Ach so!" und wendet sich den Blumen am Wegrand zu: „Schau wie schön ...". Ihre Helferin und Gesprächspartnerin empfindet dieses Umschwenken als die „Gnade des Vergessens".

Die alten Stoiker empfahlen eine diffizile Kunst der Unterscheidung im Leiden und in der Trauer. Sie beobachteten, dass es so etwas wie einen trauernden Kern der Seele gibt, aber darum herum auch Vorstellungen und Meinungen, die eine „falsche" Trauer nährten ... weil wir *glauben*, jetzt zu trauern oder trauern zu müssen, verbieten wir uns Freuden und Genüsse. Denn „das gehört sich ja schließlich nicht". Manchmal schlägt Wahn-sinn in Wahr-sinn um, so beobachtete es schon Platon bei den Künstlern und religiösen Ekstatikerinnen. Eine unheimliche Freiheit steckt im Themenwechsel der Dame, der durch die Vergesslichkeit der Demenz legitimiert wird. Stellen wir uns dieses „Ach so!" aus dem Mund eines Menschen vor, dem anstelle der Gnade des Vergessens die Bürde der Erinnerung geblieben ist ... und deuten wir das einmal als Klugheit! Der antike Philosoph Epikur hat aus dieser Freude an den elementaren Dingen (der Empfindung schöner Anblicke wie von Blumen oder Gesichtern, der Empfindung der grundlegenden Lebensregungen wie Atmen, sich Bewegen usw.) eine ganze philosophische Lebenskunst und Schule der „Lust" gemacht – und darin das zentrale Mittel gegen Schmerz und Trauer gefunden.[22] Mit Lust meint er nichts Ausschweifendes, sondern die einfache Tatsache, dass das Gefühl, am Leben zu sein, nicht neutral, sondern schon in sich lustvoll und ein Genuss sein kann.

Das übersehen wir in der Regel, wenn wir mit unseren Projekten in der Welt beschäftigt sind und vergessen zu empfinden, *dass* wir überhaupt auf der Welt sind. Man meditiere einmal durch, wie viel von unserem Glück und unseren Freuden das Ergebnis eines *Vergleichs* ist!

Ein gutes Essen ist *besser als* ein schales, ein Urlaub in Harmonie und ohne Beziehungs- oder Familienstreit ist *besser als* das Gegenteil, eine erfüllende Arbeit ist *besser als* eine stumpfsinnige, Zustimmung und Wertschätzung erleben wir als erhebend, Ablehnungen und Verachtungen Anderer beschäftigen uns in der Regel lange. Und die Summe solcher Komponenten würde dann ein gutes, weil „*Besseres-Leben-Als*" ausmachen.

Dieses Vergleichsglück hat den allzu selbstverständlichen Boden des Existierens schon vergessen. Und nun denke man einmal anders – und vergleiche nicht. Oder noch genauer: Man vergleiche, was gerade ist – mit dem *Nichts*. Und schon staunen wir über die Tatsache, *dass* überhaupt etwas ist, und die vorhandenen Dinge leuchten in ihrer ursprünglichen Elementarität und Schönheit auf. Ist es nicht manchmal eine Erfahrung in schwerer Krankheit, dass beispielsweise

22 Dazu: Patrick Schuchter: Sich einen Begriff vom Leiden Anderer machen. Eine Praktische Philosophie der Sorge, Bielefeld: transcript 2016, S. 250ff.

ein paar Meter (vom Bett zur Toilette) endlich wieder oder zwischendurch einmal ohne Atemnot bewältigen zu können, uns die *Tatsache* des Atmens selbst in einer solch lustvollen und befreienden Weise zu vermitteln vermag, dass wir dafür dankbar sind – während in gesunden Tagen wir die Tatsache des Atmens selbst in unseren Aktivitäten überspringen?

Oder kommen uns beispielsweise nicht nach einem langen Aufenthalt im Krankenbett, im sterilen Weiß des Krankenhauses, der schwankungslosen Belüftung durch Klimaanlagen, die erste frische Luft, die Schritte nach draußen wie eine wiedergewonnene Freiheit vor, das Spüren der ersten Sonnenstrahlen und das Wahrnehmen des Zwitscherns der Vögel vor wie das Paradies selbst?

Sind nicht nach einer langen und schweren Krankheit des Darmes, ja auch nur nach einem etwas ordentlicheren Durchfall oder einer kleinen Lebensmittelvergiftung, der erste wohlgeformte Stuhlgang und die vertrauten Bewegungen und Geräusche des Darms so etwas wie ein großes Geschenk? Oder der Geschmack von einem Stückchen Brot mit Butter nach einer langen Nahrungskarenz ein Festmahl von einer anderen Ordnung, an die kein gewöhnliches Essen heranreichen kann?

„Die nackte Tatsache des Lebens ist niemals nackt. Das Leben ist nicht nackter Seinswille [...] Das Leben ist *Liebe des Lebens*, Beziehung zu Inhalten, die nicht mein Sein sind, sondern teurer als mein Sein: denken, essen, schlafen, lesen, arbeiten, sich an der Sonne wärmen", schreibt der französische Philosoph Emmanuel Lévinas.[23]

Die Lebenskunst besteht darin, sich auch im Widrigen immer wieder mit dem bloßen Sein des Lebens und der Dinge zu verbinden und zu verbünden. So lange ein Hauch Leben in uns steckt, gibt es diese Verbindung. Sie spendet Trost und stiftet Dankbarkeit. Die Haltung ist ein grundlegendes Staunen, dem die Erfahrung einer ursprünglichen Schönheit entspricht. Wo Schönes aufleuchtet, treten „die Verweisungszusammenhänge und Berechenbarkeiten, in die die Dinge sonst eingebettet sind, zurück", so der Philosoph Günter Pöltner.[24] Das Staunen ist, wo es auftritt, im Grunde eine Erfahrung der Schönheit *jenseits* unserer Entwürfe und Sinngebungen. Die Erfahrung von Schönheit, das Staunen im Existenzgefühl beglückt und bereichert, weil das angeblich Selbstverständliche zunächst als Unverständliches und schließlich „als Gabe" erfahren wird – eine Gabe, die jeglicher menschlicher Aktivität des inneren oder äußeren Handelns vorausgeht. Das Staunen hat darin gewissermaßen zwei Komponenten: Erstens stimmt es ehrfürchtig und zweitens liegt in ihm eine Zustimmung, ein im wörtlichen Sinn „unvergleichliches Ja":

„Im staunenden Ja wird bekräftigt, wovon das gewöhnliche Leben verborgenerweise immer schon durchstimmt ist: das Seinsvertrauen. Alles, was wir tun

23 Emmanuel Lévinas (1961): Totalité et Infini. Essai sur l'extériorité, Den Haag: Nijhoff. Zitiert in: Hans-Dieter Gondek, László Tengelyi: Neue Phänomenologie in Frankreich, Berlin: Suhrkamp 2011, S. 127.

24 Günter Pöltner: Philosophische Ästhetik, Stuttgart: Kohlhammer 2008, S. 246, 254.

und lassen, all unsere wie auch immer gearteten Beziehungen zu wem oder was auch immer – all das wird in dem unreflektierten, gelebten Daseinsvertrauen getan, dass uns zu sein gegeben ist: Wer staunt, ist dessen inne, dass das so ist. Er wird dankbar gestimmt."

Oliver Sacks starb am 30. August 2015 in New York, nachdem er lange Zeit an Krebs erkrankt war. In seinen letzten Monaten hat der Autor von neurologischen Fallgeschichten, die Millionen LeserInnen erreicht haben, Texte über das Leben angesichts des nahenden Todes geschrieben.

Vor einem Monat glaubte ich, gesund zu sein, sogar sehr gesund. Mit einundachtzig schwimme ich immer noch eine Meile pro Tag. Aber mein Glück hat mich verlassen – vor einigen Wochen erfuhr ich, dass ich multiple Metastasen in der Leber habe. ... nun erwartet mich der Tod. Der Krebs hat ein Drittel meiner Leber verzehrt, und selbst wenn er nur langsam voranschreitet, gehört er doch zu den Krebsarten, die man nicht aufzuhalten vermag. Jetzt muss ich entscheiden, wie ich meine letzten Monate verbringen will. Es sollen denkbar erfüllte, kostbare, produktive Monate sein. ...

In den letzten Tagen gelang es mir, mein Leben wie aus großer Höhe zu betrachten, als eine Art Landschaft, und mit einem vertieften Empfinden für die Beziehung zwischen allen ihren Teilen. Was nicht heißt, dass ich mit dem Leben abgeschlossen hätte, ganz im Gegenteil, ich fühle mich außerordentlich lebendig, und ich wünsche und

hoffe, in der Zeit, die mir bleibt, meine Freund-
schaften zu vertiefen, den Menschen, die ich
liebe, Lebewohl zu sagen, mehr zu schreiben, zu
reisen, wenn ich die Kraft habe, und neue Stufen
der Erkenntnis und Einsicht zu erklimmen. Ich
werde Mut, Ehrlichkeit und klare Worte brauchen,
während ich mich bemühe, mit der Welt und den
Menschen ins Reine zu kommen.[25]

In der beschleunigten Welt der Überinformation, generell des Zuviels, kann die „Hinwendung zu den kleinen
Dingen" Zuversicht und Optimismus ermöglichen.

Mein Rezept, um mir meinen Optimismus zu er-
halten, besteht darin, mich auf das zu konzentrie-
ren, was gut geht. Jeden Tag lasse ich die großen
und kleinen Dinge Revue passieren, die mir Ver-
gnügen und Freude bereitet haben oder die ein-
fach amüsant waren, und empfinde dabei Dank-
barkeit. Ich kultiviere bewusst mein Gefühl der
Dankbarkeit. Das fällt mir gar nicht schwer: ich
esse gerne, ich liebe „gute" Lebensmittel, und ich
habe das Glück hervorragende Antikrebs-Gerichte
zu bekommen ...

Ich höre auch gern Musik. Manche Filme sehe ich
gern immer wieder. Manche Menschen treffe ich
gern immer wieder. Ich tue jeden Tag etwas, das
mir Freude bereitet. Mehrmals am Tag. Ich habe
viel Glück.[26]

25 Oliver Sacks: Dankbarkeit, Reinbek bei Hamburg: Rowohlt 2016,
S. 23–27.

26 Servan-Schreiber, a. a. O., S. 99–100.

David Servan-Schreiber erzählt von Quellen der Freude in schwerer Krankheit, konkret und unmittelbar, von der wichtigsten aller Fähigkeiten, sich im Lachen zu erheben über den Alltag des Leidens.

Der Gedanke, dass ich wohl auf alle Sportarten verzichten muss, die ich so liebe, Fahrradfahren, Surfen, Gleitschirmfliegen, macht mich unendlich traurig. Selbst das Gehen fällt mir mittlerweile schwer. Heute muss ich mich mit eher passiven Vergnügungen zufriedengeben, etwa einen guten Film anzuschauen, mit Menschen, die ich mag, zu plaudern. Ich finde, das ist schon ein großes Glück. Auch Essen bereitet mir viel Freude, und es ist ein großartiger Antrieb für Hoffnung. Wenn der Appetit wegen der Übelkeit schwindet oder weil der Magen sich verengt, wird die Lebenskraft sehr beeinträchtigt.

Ein weiteres Vergnügen, auf das ich großen Wert lege, ist das Lachen. Als zum ersten Mal bei mir Krebs diagnostiziert wurde, sah mich einer der wenigen Menschen, die Bescheid wussten, zufällig auf der Straße, wie ich mit meinem Bruder lachte. Mit Leichenbittermiene warf er mir einen Blick zu, als wollte er sagen: „Wie kann er lachen, wo er doch gerade erfahren hat, dass er einen Tumor im Gehirn hat?"

Bei dem Blick lief es mir kalt den Rücken hinunter. Ich sagte mir: „Wenn ich aufhören muss zu lachen, weil ich Krebs habe, bin ich schon tot."

Und ich erkannte, dass man niemals, wirklich niemals, die wichtigste Fähigkeit von allen verlieren darf: aus vollem Herzen lachen zu können. Selbst wenn man an einer tödlichen Krankheit leidet, gibt es viele Gelegenheiten zu lachen, und ich empfehle wärmstens, sie alle beim Schopf zu packen.[27]

Oliver Sacks bringt diese Haltung und Einsicht auf den Punkt:

„Ich kann nicht behaupten, ohne Furcht zu sein. Doch mein vorherrschendes Gefühl ist das der Dankbarkeit. Ich habe geliebt und wurde geliebt, ich habe viel bekommen und ein wenig zurückgegeben; ich habe gelesen und ferne Länder bereist und gedacht und geschrieben. … vor allem aber war ich ein fühlendes Wesen, ein denkendes Tier auf diesem schönen Planeten, und schon das allein war ein wunderbares Privileg und Abenteuer."[28]

---

27 Servan-Schreiber, a.a.O., S. 102–103.

28 Sacks, a. a. O., S. 29.

Neu anfangen können – immer!

Herr L. lebte lange in einer Altenwohnanlage. Als er einen Schlaganfall erlitt, wurden die Dinge komplizierter und alles änderte sich. Nach Aufenthalten im Krankenhaus, der Rehabilitation und der Kurzzeitpflege wurde es notwendig, für ihn einen Dauerheimplatz zu suchen. Herr L. hat schließlich einen neuen Lebensraum gefunden, konnte sein Zimmer nach eigenem Geschmack mitgestalten und mit Gegenständen aus der eigenen Wohnung einrichten. Im Pflegeheim gelang es, dass er neue Kontakte knüpfen und neue Freundschaften eingehen konnte.

Was an manchen Geschichten vom Altwerden und dem hohen Alter erstaunt, ist, wie viel einigermaßen doch radikal Neues noch ins Leben kommt. Mit der Gebrechlichkeit, dem letzten Wechsel des Wohnortes oder Versorgungsortes geschieht ein Lebensumbruch, der die ganze Person und soziale Welt betrifft. Es erstaunt, wie gut das gehen kann. Und es räumt mit gängigen Altersbildern auf, wonach Altwerden eher so etwas wie starr und unflexibel werden bedeuten müsste. Aber dass so etwas wie eine „Neugeburt" und ein „Neuanfang" wesentliche Kategorien sind, mit denen wir über das Alter denken sollten, das irritiert die gängige Meinung. Vielleicht ist sogar das Sterben selbst noch einmal so etwas wie ein Neuanfang der Person. Die Philosophin Hannah Arendt hat den Begriff der „Geburtlichkeit" geprägt. Sie meinte damit, der Mensch habe immer die Möglichkeit, neu anzufangen. Seine Freiheit bildet die Basis, neu anders, unkonventionell zu sein, sich buchstäblich neu hervorzubringen. Das hört nicht auf – bis zuletzt.

Das „Neue" und immer wieder „Neue" ist natürlich eine zentrale Kategorie der modernen Welt. WissenschaftlerInnen müssen *neue* Erkenntnisse generieren, *neue* Technologien müssen entwickelt, *neue* Moden entworfen werden; die meisten Dinge werden heute nicht mehr repariert, sondern sofort durch *neue* ersetzt, sie werden oft schon – wie Handys – so produziert, dass nach zwei Jahren ein neues notwendig wird. Der Soziologe Zygmunt Bauman beschreibt diesen (zentralen) Zug der modernen Gesellschaft als *Konsumismus*, der sogar vor Beziehungen nicht Halt machen würde. Im Lebensstil des Konsumismus (der ja keine Vorliebe einzelner ist, sondern die Struktur und Kultur der modernen kapitalistischen Gesellschaft ausmacht) wird das Neue *in den Dingen* gesucht, während das Ich sozusagen in seiner Begehrens- und Wunschidentität bleibt, wie es ist. Das gelte sogar häufig in Bezug auf den Lebenspartner: „Es gibt keinen Grund, sich weiter mit einem minderwertigen oder veralteten Produkt abzugeben ..."[29] Anstatt sich durchzuringen zu einer gemeinsamen neuen Identität, erfolgt der Austausch des Partners, weil er nicht mehr den Wünschen und Vorstellungen entspricht. Auch aus Paartherapien wird berichtet, dass ein konsumistischer Umgang mit gewachsenen Beziehungen zu beobachten sei. Wahre Beziehungen werden angestrebt. Aber in „Warenbeziehungen" werden Menschen wie Dinge austauschbar und konsumierbar.

---

29 Zygmunt Bauman: Postmoderne Ethik, Hamburg: Hamburger Edition, S. 193.

Lebensumbrüche bringen es jedoch mit sich, dass unter dem Druck des Notwendigen das Neue nicht aus den Dingen kommen kann, sondern *im Ich* passiert und gerade die Wünsche und Vorstellungen vom Leben sich ändern und der Mensch über sich etwas Neues lernt. Dann ergibt sich auch eine komplexere Verwicklung von Bewahren und Anderswerden. Alte Gebrauchsgüter werfen wir weg und werden durch neue ersetzt. Aber das Neue des eigenen Lebens, auch wenn „alles anders" ist, hat die Abschnitte vor den Lebensumbrüchen auch bewahrt als Gedächtnis, als der Mensch, der er nun eben ist. Wer Dinge, Beziehungen, Lebensbrüche repariert, flickt, provisorisch zusammenleimt, arbeitet zugleich an sich selbst, erneuert und bewahrt die Welt zugleich. Angesichts drohender ökologischer Katastrophen können wir es uns nicht mehr leisten, ein gutes Leben nur in der Multiplikation und im Konsum neuer Dinge zu sehen.

Freimütig und unverschämt leben

Es gibt einen Ausdruck der alten griechischen Philosophie: *„parrhesia"* [30]. Damit sind die offene, freimütige Rede und schließlich ein freimütiges Leben gemeint. Gemeint ist, dass sich ein freier Mensch nicht in seiner Rede oder seinem Tun verbiegen oder zurückhalten muss, aus Furcht vor den Mächtigen oder der allgemeinen Meinung. Beispielsweise hätte der Satz „Was werden die Nachbarn, die Leute sagen …?" keine Macht für einen freimütig redenden und lebenden Menschen.

Die radikalste, fast schon übertriebene Praxis freimütiger Rede und eines unverschämt-schamlosen Lebens bot Diogenes, der Kyniker, (im 4. Jh. v. Chr.) im hochkultivierten antiken Athen. Er verzichtete auf alle Annehmlichkeiten eines bürgerlichen Lebens, weil der Preis dafür zivilisatorische Laster waren: die Produktion und der Konsum von immer neuen Unterhaltungen, der Neid auf andere, die Verstellung, Schmeichelei und Heimlichtuerei, um in der Karriere weiterzukommen, eine falsche, gezüchtete Scham über ganz natürliche Dinge. So lebte Diogenes in der Tonne – also in der Öffentlichkeit mit allem, was dazu gehört. Schamlos wäscht er sich öffentlich, masturbiert öffentlich und verrichtet seine Ausscheidungen nicht minder öffentlich. Diogenes war mit anderen Worten eine Zu-Mutung für die braven Mitbürger – und gleichzeitig sorgten sie mit Spenden für ihn, weil sie irgendwo doch erkannten, dass

---

30 Dazu vor allem: Michel Foucault: Der Mut zur Wahrheit. Die Regierung des Selbst und der anderen II. Vorlesungen am Collège de France 1983/84. Aus dem Französischen von Jürgen Schröder, Berlin: Suhrkamp 2012.

sein radikal „natürlicher" Lebensstil mit ihrem eigenen „kultivierten" Stil zu tun hatte, ja, der gesellschaftlichen Verbiegung, Heuchelei, Bedürfnisproduktion, dem Neid und sonstigen ethischen Zivilisationskrankheiten einen schonungslosen Spiegel vorhielt. Das Leben in selbstgewählter Armut und schamloser Öffentlichkeit und Offenheit – dem Frei-Mut – war für ihn der praktische Ausdruck der wahren Philosophie und wurde begleitet von einer nicht minder freien Art zu sprechen, die Mitbürger auf ihre Fehler hinzuweisen, die auch vor den Mächtigen nicht Halt machte. Berühmt ist die Szene mit Alexander dem Großen, der dem berühmt gewordenen Philosophen eine Gunst erweisen will, worauf Diogenes antwortet: „Geh mir aus der Sonne!"

Man muss Diogenes ja nicht wörtlich folgen – aber vielleicht befähigen, die Anekdoten von Diogenes bei sich selbst wahrzunehmen, wann man sich verbiegt, und ermutigen dann und wann zu etwas mehr Freimütigkeit. Freimütig und unverschämt leben bedeutet, über das Sterben und den Tod unverkrampft sprechen zu können und Hilfe annehmen zu können.

Übers Sterben und den Tod „entkrampft" reden können, das heißt nicht nur, überhaupt thematisieren können, sondern auch: mit einer gewissen Normalität darüber sprechen können, ohne schwerwiegende Feierlichkeit und Dramatik. Diogenes konnte über die Prinzipien der Moral, über Gott, Politik und Lebensführung im gleichen Tonfall reden wie über das Essen, die Ausscheidungen und sexuellen Verkehr – über den Tod sowieso. Eine Erfahrung ist außerdem doch oft, dass die freimütige Rede, wenn jemand Mut fasst, etwa das Sterben zu thematisieren, diese Bereitschaft, sich verletzlich zu geben, sich zu öffnen, gerade anderen auch diese Öffnung und *parrhesia* ermöglicht.

Meine gesamte Erfahrung bringt mich zu der Überzeugung, dass man sich die Frage nach dem Tod stellen muss, um der Krankheit möglichst gut entgegentreten zu können. Tatsächlich beschäftigt diese Frage alle, die an einer schweren Krankheit wie Krebs leiden, auch wenn sie nicht darüber sprechen. Sobald jemand sagt: „Ich habe Krebs, ich bin gerade in dieser oder jener Behandlung", steht die Frage nach dem Tod im Raum.

Ich bin überzeugt, dass es besser ist, das Thema Tod auf den Tisch zu bringen, es in all seinen Dimensionen, den praktischen und den symbolischen, zu betrachten, damit der Tod, wenn es so weit ist, gut vonstattengeht. An dem Punkt, an dem diese Menschen angekommen sind, ist es das wichtigste Thema in ihrem Leben, und sie sollten es tunlichst nicht zur Seite schieben.

Aber gleichzeitig kann allein die Tatsache, dass man darüber spricht, bei einem Patienten den – oftmals falschen – Eindruck erwecken, sein Ende stehe unmittelbar bevor, und das kann große Angst auslösen. Deshalb vermeiden die Menschen um ihn das Thema gern so lange, bis sich der Zustand des Patienten deutlich verschlechtert hat. Aber dann ist es oft zu spät, weil der Kranke nicht mehr sprechen und womöglich nicht mehr denken kann.

Meine Erfahrungen mit meinen Patienten haben mich gelehrt, dass es den „guten" Augenblick nicht gibt, um das Thema anzusprechen. Man kann es jederzeit tun, nur darf man den Kranken nicht vor den Kopf stoßen, ihm nicht das Gefühl geben, „es ist alles vorbei"; man muss Zwischentönen und Nuancen Raum geben, auch wenn das nicht einfach ist. Ja, der Tod kann kommen, aber noch ist nichts entschieden, und eine Heilung ist immer möglich.

Bei meinen Patienten am Lebensende habe ich durch meine täglichen Besuche den Augenblick vorbereitet, wo ich sie schließlich fragen konnte: „Stellen Sie sich manchmal die Frage, was passiert, wenn die Behandlung nicht anschlägt?"

Damit war der Weg frei, um über die Möglichkeit des Todes zu sprechen; ich konnte das Ausmaß ihrer Angst einschätzen und herausfinden, ob es sich um Ängste handelte, die wir abbauen konnten.

Für manche sehr zerbrechliche Persönlichkeiten ist es unvorstellbar über den eigenen Tod nachzudenken. Es geht im wahrsten Sinn des Wortes über ihre Kräfte. Solche Menschen darf man nicht dazu zwingen. Aber diese Fälle sind selten. Ich konnte feststellen, dass die große Mehrheit die Frage fast erleichtert aufnahm. Natürlich machte der Tod ihnen Angst. Aber weil sie ihre Angehörigen nicht damit belasten wollten, blieben sie mit dieser Angst schrecklich allein. Sie warteten geradezu auf die Erlaubnis, darüber zu sprechen.

Wenn das Tabu einmal gebrochen ist, darf die Stimmung nicht in Trübsinn umschlagen. Anschließend muss es möglich sein, sich zusammen einen lustigen Film anzuschauen, sich dumme Witze zu erzählen, gemeinsam gut zu essen und vor allem weiterzuleben. Es hat keinen Zweck, dauernd auf das Thema zurückzukommen ...[31]

Zweitens gehört zu einem unverschämten Leben die Freiheit, Hilfe annehmen zu können, ohne sich zu schämen und sich zu verbiegen. Diogenes ging freilich einen Schritt weiter. Als freimütiger, aber auch freischaffender philosophischer Ermahner der antiken Öffentlichkeit war er ja auf Spenden seiner Mitbürger angewiesen, er war gewissermaßen Bettler – aber vertrat dabei die Position, die Spender mögen ihm Geld oder Nahrung geben und gleichzeitig sich *bei ihm* bedanken, dass sie ihm etwas geben durften. Denn immerhin gab er ihnen etwas Kostbareres als Geld und Essen zurück: das Beispiel einer freien und freimütigen, bescheidenen Lebensweise und einen Spiegel für die Reflexion auf das eigene Leben. Wobei ... so fern liegt eine solche Position auch wieder nicht.

Der Psychiater Klaus Dörner hat es schön gesagt: Menschen sind nicht nur hilfs-bedürftig, sondern auch helfens-bedürftig, sie brauchen nicht nur Hilfe, sondern brauchen es auch, gebraucht zu werden, Bedeutung für Andere zu haben.[32] Die Bedingungen sind günstig: Wir leben historisch (bei allen Vorzügen, die Tech-

---

31 Servan-Schreiber, a. a. O.

32 Klaus Dörner: Helfensbedürftig. Heimfrei ins Dienstleistungsjahrhundert, Neumünster: Paranus 2012.

nik, materieller Reichtum und Langlebigkeit gebracht haben) in einer sinnbedürftigen Epoche. Es scheint so etwas zu geben wie ein kollektives unterschwellig schlechtes Gewissen, dass wir auf Kosten der Gesundheit des Planeten, der Zukunft der nächsten Generation einen aufwändigen Lebensstil pflegen sowie die globale Asymmetrie zwischen Armut und Reichtum vertiefen.

Bei vielen beruflichen Beschäftigungen offenbart sich der objektive Sinn nicht auf den ersten Blick. In dieser Situation könnte man schon – zumindest als Gegenmittel gegen die übliche Scham – etwas unverschämt der Helfens- und Sinnbedürftigkeit seiner Mitmenschen Beschäftigung geben. Diogenes verstand sich auch als „Kundschafter", der ins feindlich erscheinende Land der Armut auszog, um zu berichten, wie es sich doch auch leben lässt und was diese Reise über uns selbst sagt. Von den Sterbenden und Alten heißt es oft: Sie gehen uns voraus – sie sind also Kundschafter für etwas, das uns in der einen oder anderen Form selbst betrifft. In dieser Einsicht liegt das Bild begründet, die Sterbenden sind unsere Lehrmeister. Sterbende stehen näher an der Schwelle des Lebens, sie gehen uns voraus und sind uns voraus, indem sie in Erfahrungsräume eingetreten sind, die wir uns noch erschließen müssen. Deshalb ist es nicht unklug, offen zu sein für solche Erfahrungen, den Mut zu haben, sich ihnen auszusetzen, sich erzählen zu lassen, was jetzt bewegt und beschäftigt.

Die Haltung – oder vielleicht besser: die Gewöhnung daran, dass mir geholfen wird und ich diese Hilfe annehmen kann, kann mit einer inneren Bewegung der

Sammlung einhergehen, der Konzentration auf das Ich und der Entlastung von der Verantwortung, „da draußen" etwas leisten, einen Beitrag erbringen zu müssen. So hat etwa Tiziano Terzani, der 2004 verstorbene Spiegel-Journalist, der seine Erfahrung mit der Krebserkrankung in „Noch eine Runde auf dem Karussell" dokumentierte, geschrieben, dass er, nachdem er, „als Zeuge von Kriegen, Revolutionen, Überschwemmungen, Erdbeben und den großen Veränderungen in Asien", das Leben „vieler, vieler anderer Menschen beschrieben" hatte, sich nur oder besser nun erst seinem eigenen Leben zuwenden konnte:

> „Und nun beobachtete ich zur Abwechslung einmal das Leben, das mich am meisten anging: mein eigenes."

Diese Wendung war mit einer fast paradoxen Erfahrung von Freiheit verbunden:

> „Meine Situation war perfekt. Genau so, wie ich es mir seit langem erträumt hatte: ganze Tage in völliger Freiheit, keine Termine, keine Pflichten und die unglaubliche Wohltat, die Gedanken schweifen lassen zu können, ohne Unterbrechungen, ohne die fixe Idee – früher eine wahre Obsession –, ich sollte eigentlich etwas anderes tun. Nach dem lauten Trubel genoss ich endlich die große Stille ..."[33]

---

33 Tiziano Terzani: Noch eine Runde auf dem Karussell. Vom Leben und Sterben, München: Knaur 2007, S. 16.

Auch Oliver Sacks schreibt über diese paradoxe und unvermutete Freiheit:

> *Plötzlich sehe ich alles viel deutlicher. Mir bleibt keine Zeit mehr für Unwichtiges. Ich muss mich auf mich, meine Arbeit und meine Freunde konzentrieren. Ich werde mir nicht jeden Abend die Nachrichten anschauen und mich nicht mehr an Streitgesprächen über Politik und die globale Erwärmung beteiligen.*

> *Nicht dass ich gleichgültig geworden wäre, ich bin nur nicht mehr so „ans Leben gebunden". Ich mache mir nach wie vor große Sorgen um den Nahen Osten, die globale Erwärmung, die wachsende Ungleichheit, aber diese Dinge gehen mich nichts mehr an; sie gehören der Zukunft an. Ich freue mich immer über die Begegnung mit begabten jungen Menschen – selbst wenn sie meine Metastasen biopsieren und diagnostizieren. Ich glaube, die Zukunft ist in guten Händen.*[34]

---

34 Sacks, a. a. O., S. 27–28.

Verwandtschaften und Wahlverwandtschaften für tragende Beziehungen pflegen und die Haltung der Dankbarkeit

Für die Sorge im Alltag wichtig sind eine Vielfalt von relevanten und tragenden Beziehungen. Die sicherste Entscheidung fürs Unglück wäre demnach, nur in Familienmitgliedern zu denken, wenn es um die Sorge geht, die man vielleicht einmal oder jetzt braucht. Oder auch nur in professionellen Diensten. Hier kann man sich selbst zur mehr Kreativität und einem weiteren Blick ermutigen – insgesamt lohnt es sich, die Vielfalt der Beziehungen, in denen man steht, einmal zu meditieren:

| Wem bin ich wie verbunden?
| Wem kann ich mich in offener Rede anvertrauen?
| Wem kann ich mich in meinen Gefühlen mitteilen, und zumuten?
| Wer würde welche Rolle spielen, wenn ein gravierendes Lebensereignis eintritt?
| Welche vorsorgenden Gespräche brauche ich, tun mir gut?

Eine gute Übung für diese in die Zukunft gerichteten vorsorgenden Fragen mag die Erinnerung an die Vielfalt der Anteilnahme und Sorge sein, die ich in der Vergangenheit bereits erfahren habe. So beginnt schon im antik-philosophischen Stil Mark Aurel, der stoische Kaiserphilosoph, seine Tagbuchnotizen „An sich selbst" mit einer Aufzählung jener Menschen, denen er etwas Entscheidendes verdankt …[35]

Hier heißt es beispielsweise:

„Mein Großvater Verus gab mir das Beispiel der Milde und Gelassenheit."

„Meine Mutter war mir durch ihre Frömmigkeit und Wohltätigkeit ein Vorbild; ich bestrebte mich, ihr gleichzukommen und das Böse weder zu tun noch auch nur zu denken und wie sie einfach und mäßig zu leben, weit entfernt von dem gewöhnlichen Luxus der Großen."

„Von meinem Erzieher lernte ich …" usw.

In einem Forschungsprojekt „Sorgende Gemeinde im Leben und Sterben" wurde unter der Leitung von Klaus Wegleitner in der Tiroler Bezirkshauptstadt Landeck die lokale Sorgekultur erforscht und mit Bürgerinnen und Bürgern in Initiativen weiterentwickelt. Dabei wurde deutlich, welche Vielfalt an Arten von Beziehungen in der Hilfe eine Rolle spielen können bzw. was ein tragfähiges Sorgenetz ausmacht.[36] Es handelt sich dabei um *qualitativ* vielfältige Beziehungen, die von ganz unterschiedlichen Personen in verschiedenen Rollen ausgefüllt werden können.

---

35 Mark Aurel, a. a. O.

36 Schuchter: Lebensklugheit in der Sorge, a. a. O.; Patrick Schuchter, Sonja Prieth, Klaus Wegleitner: Die sieben Tugenden eines gerechten Sorge-Netzes, in: Praxis Palliative Care 31 („Übelkeiten"), S. 32ff.; Klaus Wegleitner, Katharina Heimerl, Allan Kellehear: Compassionate Communities: Case Studies from Britain and Europe, London: Routledge 2015.

Da gibt es zunächst natürlich die, die sich unmittelbar um die Stabilisierung und die Gestaltung des Alltags kümmern, alles was die *tägliche Pflege und das Funktionieren des Haushalts* ausmacht. Das sind primär oft die nächsten Angehörigen – oder vielleicht besser: die eine Angehörige, die Ehefrau oder die Tochter.

Dann gibt es die *„Profis"* mit ihrem Know-How, wie Ärzte, Ärztinnen und Pflegepersonen (oder Physiotherapeutinnen, Sozialarbeiter usf.). Aber fachliches Know-How ist nicht alles.

Es braucht auch Menschen in der Nähe, die über *Lebenserfahrung* verfügen und mit denen man sich in einen Austausch über existenzielle Fragen begeben kann. Der Kontakt mit Menschen, die selbst schon Ähnliches erlebt und dies dann auch durchdacht haben, eröffnet ganz andere Dimensionen des Verstehens bzw. Verstanden-Werdens.

Ein tragfähiges Beziehungsgefüge wird weiter auch davon bestimmt, inwieweit Menschen in der *Nachbarschaft* einander im Blick haben. Nachbarsein ist eine Kunst, heißt es, denn die Beziehung zur Nachbarschaft ist meist auch ambivalent. Einerseits kann zu viel Einblick und Nähe zu einer Art sozialer Kontrolle führen („Was werden die Nachbarn sagen?"), insbesondere in der Situation der Pflege, die mit Scham verbunden sein kann. Andererseits machen kleine alltägliche Hilfen unter Nachbarn einen großen Unterschied: vom fast beiläufigen, aber entlastenden „netten Wort" bis hin zu kleinen Erledigungen. Zwei Aussagen illustrieren diese fern-nahe soziale Wachsamkeit für andere: „Wenn der

Blumenschmuck am Balkon fehlt, dann ist das ein Zeichen für den Rückzug alter Menschen." Und: „Ich koche sogar meiner bösen Nachbarin eine Suppe, wenn sie krank ist."

Weiter gibt es die Leute, bei denen es aus irgendeinem Grund leichter fällt, *sich zu öffnen und das Herz auszuschütten*. Das sind nicht unbedingt immer die eigenen Familienmitglieder oder die Profis. Gerade in diesem Zusammenhang lohnt sich ein weiterer Blick: der Hausmeister, der von einer alten Frau wiederholt wegen einer „defekten" Heizung, aber eigentlich von der Welt draußen in die eigene Einsamkeit gerufen wird; der Taxifahrer, bei dem man auf dem Weg ins Krankenhaus sich einmal leichter und „anonymer" öffnen kann; die Frisörin, die in einer kurzen Auszeit wohltut und (vielleicht ohne es selbst zu bemerken) Mut zuspricht oder ermöglicht, einmal an etwas anderes zu denken.

Wir werden nicht alt, gebrechlich oder krank in einem Raum direkter zwischenmenschlicher Beziehungen – sondern in einer verwalteten Welt und einer Welt von Organisationen. Das bringt es notwendigerweise mit sich, dass individuelle Probleme mit allgemeinen Schemata und Regeln behandelt werden. Das macht moderne Organisationen so effizient und auch kostbar. Gleichzeitig können, bei allen Errungenschaften moderner, organisierter Gesellschaften, dabei auch „Menschlichkeitsverluste" entstehen. Und zwar eben dann, wenn jemand mit seiner höchst individuellen, nicht in allgemeine Schemata hineinzwingbaren Leidenslage auf die *Gedankenlosigkeit* eines anonymi-

sierenden und phlegmatischen Regel-Apparats büro-
kratischer Verwaltung trifft. Es ist *demütigend*, wenn
zur eigenen Hilflosigkeit noch der Kampf mit den For-
mularen dazu kommt, wenn durch die Organisationen
einfach nur die Regeln exekutiert werden ohne Blick
auf die konkreten Dilemma-Lagen, die manch einer
so hat. Da braucht es dann jemanden, der nicht nur
Hilfe für mich *koordiniert und organisiert*, sondern
dazu auch noch *anwaltschaftliche Fürsprache* leistet,
die dazu verhilft, dass man nicht aus der „Familie der
Menschen" verstoßen wird, nicht die Selbstachtung
verlieren muss, wenn einem am Schalter die eigene
Ohnmacht mal so richtig vorgeführt wird. Es braucht
jemanden im Sorgenetz, der Organisation und Logistik
der Hilfe in die Hand nimmt – damit am Ende einer
Verkettung von Verwaltungsregeln, das Individuum
doch als *Ausnahme* erscheinen kann.

Wer leistet eigentlich Sorge-Arbeit in der Gesellschaft?
Nur die Frauen, nur Billiglohnkräfte?
Wie gut werden sie bezahlt?

Diese politischen Fragen aus der Makro-Perspektive
wiederholen sich auch auf der konkreten Ebene des
täglichen Lebens. In der Regel rutscht eine einzelne
Person – eine Frau – in die Pflegerolle und trägt die
Hauptlast der täglichen Sorge-Arbeit. Sorge-Arbeit
(Haushalt, Erziehung der Kinder, Pflege der Alten) ist
– archaisch-abendländischen Vorstellungen zufolge –
Frauenarbeit. Gleichzeitig umschwirren latente und
manifeste Familienkonflikte die Situation. Natürlich
können Verständigung und eine ausgewogene Aufteilung der Pflege-Arbeit auch gelingen. Hilfreich dafür ist

eine Außenperspektive, eine Art *Moderation*, wobei hier nicht nur die Vermittlung bei relativer Unparteilichkeit gemeint ist.

Im Begriff „Moderation" steckt auch „Mäßigung". Der Aufklärungsphilosoph Montesquieu – der „Erfinder" der staatlichen Gewaltenteilung – beschrieb Moderation im Sinne von Mäßigung als eine Haupttugend der Gesellschaft, die eben durch Teilung von Macht und gerechte Aufteilung von Aufgaben extreme Einseitigkeiten (Machtkonzentrationen, soziale Schieflagen) vermeidet und so nachhaltig funktionieren kann. In jedem Beziehungsnetz, in Netzwerken braucht es eine solche moderierende, eine neutrale, allparteiliche Vertrauensrolle.

Schließlich gibt es auch noch die, die einen mal aus dem Alltag entführen, die uns den ganzen Schlamassel, das „Gedöns" (Sabine Waldenfels) und die ganzen Sorgen vergessen lassen. Die uns mit Ablenkung, Vergnügen, Witzen erinnern, dass Sorge nicht alles ist, dass es auch die Sorglosigkeit des Lebens geben kann, dass wir sorg-los sein können. In einem Netz von tragfähigen Sorgebeziehungen kommt auch die Unterbrechung vor, die Ablenkung, der Genuss. Es sich einmal gut gehen lassen, mit Freunden Zeit verbringen, sich in der Sonne wärmen und sich einen freien Kopf gönnen: „Einmal nichts hören, nichts sehen, nichts denken!"

Diese zwei Übungen in Gedanken und die Pflege der Beziehung im Konkreten machen vermutlich das Leben reicher und verschaffen etwas Sicherheit in der Unsicherheit. Zum einen nach der Vergangenheit hin:

| Was habe ich empfangen?
| Wofür bin ich dankbar?
| Was sind die Geschenke meines Lebens?

Und in die Zukunft gerichtet – bei vollstem Bewusstsein, dass gerade einschneidende Lebensereignisse immer wieder dazu führen, dass sich Beziehungen und Freundschaften stark ändern – mit Fragen wie:

| Zu wem wünsche ich mir mehr Beziehung?
| Welche Beziehung möchte ich vertiefen?
| Wer könnte welche Rolle spielen, wenn es mir schlechter geht?
| Wem traue ich zu, für mich, an meiner Stelle Antworten auf Fragen meines Lebens zu geben, die dann aufgeworfen sein werden?

In der Sorge Würde sehen lernen

Unser Nachbar wurde mit 90 Jahren gebrechlich. Seine Söhne kümmerten sich rührend. Wir luden ihn auch immer wieder zum Essen ein. Sein Zustand verschlechterte sich. Er musste ins Krankenhaus. Er war gar nicht mehr bei sich. Aber er fühlte, wenn man sich um ihn kümmerte. Er kam nach Hause. Er hielt noch seinen Urenkel im Arm, und ich konnte das Strahlen in seinen Augen sehen, ehe er starb. Sorge wurde ihm zuteil – und er konnte sie dankbar annehmen. Darum geht es: emotionale Bindungen aufzubauen, den zu begleitenden Menschen in seiner ganzen Würde wahrzunehmen. Dadurch gibt man Mut und ermutigt sich auch selbst.

Bei der Würde gibt es ein gewaltiges Missverhältnis zwischen Wissen und Empfinden bzw. zwischen dem moralisch-juristischen Gebot und unseren Kapazitäten, das auch so zu sehen und zu leben. Die Würde des Menschen ist die Leitvorstellung der Menschenrechte, im Deutschen Grundgesetz heißt es: „Die Würde des Menschen ist unantastbar." Das wissen wir, und darauf errichten wir Recht und Moral. Dennoch sagen und empfinden wir in unserer Angst vor dem Leiden, etwa vor Demenz, vor der Maschinenmedizin: „Das wäre für mich kein Leben mehr, das ist ja nicht mehr würdig."

Eine Medizinethikerin, die den assistierten Suizid befürwortet, hat in einer Fernsehdiskussion gemeint (um ihre Position in dieser Frage zu bekräftigen), die Menschen seien „würdemündig" – in dem Sinn, dass jede und jeder für sich fähig wäre zu interpretieren und zu entscheiden, was noch als würdig und „lebenswert" gelten kann.[37] Unabhängig nun davon, ob man den assistierten Suizid befürwortet oder nicht, ist der Ausdruck „würdemündig" Unsinn. Der Begriff „Würde" soll in den grundlegenden Rechtstexten ja gerade eine Idee zum Ausdruck bringen, die sich dem Zugriff und der Willkür des Menschen (in Theorie und Praxis) *entzieht*.

Was immer „Würde" sein soll – sie ist nicht Gegenstand von persönlicher Auslegung. Denn früher oder später gewinnt die Interpretation der Vielen gegen die der Wenigen – und schon gibt es Menschen, deren Leben würdiger ist als das anderer. Die Schwierigkeit besteht gerade darin, an der Würde festzuhalten, ohne genau sagen zu können, was sie eigentlich ist.

Wie aber können wir dann mit dem Widerspruch zwischen unantastbarer Würde und unserer Intuition von nicht mehr lebenswerten, also unwürdigen Situationen umgehen?

Die entscheidenden Fragen sind nicht danach, was die Würde begründet, denn sie ist nicht begründbar, nicht welche Eigenschaften den Menschen zur Würde qualifizieren (wie Vernunft bei den Philosophinnen oder Gottesebenbildlichkeit bei den Theologen), denn es kann keine solche Eigenschaft geben. Vielmehr ist die suchende Frage entscheidend: *Was heißt Würde unter*

---

37 Vgl. Bettina Schöne-Seifert: Stellungnahme zur ethischen Beurteilung ärztlicher/organisierter Suizidhilfe und der vier zu deren Regelung vorliegenden Gesetzesentwürfe. Online: https://www.bundestag.de/blob/388596/3f89ba6f985b7667af403bedfd001358/schoene_seifert-data.pdf [22.2.2017].

diesen Bedingungen? So wird die Sorge zu einer Such-bewegung und Entdeckungsreise in die geheimeren Winkel des „Wesens" des Menschseins. Uns kommt kein Urteil zu im Stile: „Das ist nicht würdig." Der Philosoph Günther Pöltner schreibt:

„Menschenunwürdig ist nicht die Existenz eines Menschen, sondern gegebenenfalls deren Umstände. […] Nicht der Zustand unerträglichen Leidens entkleidet einen Menschen seiner Würde, sondern ein Denken und Handeln, das der Überzeugung Ausdruck verleiht, es wäre so."[38]

Es gibt allerdings eine, immer wieder vergessene, theo-logische Auslegung der Würde, in der die Erwartung enthalten ist, sich der Würde entsprechend verhalten zu müssen, im Sinne der Würde zu handeln. Wer dies nicht tue, davon war der einflussreiche mittelalterliche Theologe Thomas von Aquin überzeugt, verliere die innere Würde.

Aber es gibt natürlich äußere Verhaltensweisen und Verhältnisse, die als Angriff auf die Würde verstanden werden können (im Extremfall: die Folter) – es sind Verhaltensweisen, die Menschen ihren Lebensmut rauben, die Selbstachtung verletzen oder zerstören, in einem radikalen Sinn ent-mutigen: demütigen. Wie der israelische Philosoph Avishai Margalit gemeint hat: Die zentrale Aufgabe der Gesellschaft besteht darin, Ver-

---

38 Günther Pöltner: Grundkurs Medizin-Ethik. 2. Auflage, Wien: Facultas 2006, S. 270f.

hältnisse und Institutionen zu schaffen, die die Menschen nicht demütigen.

Eine junge Ärztin erzählte einmal von einem Patienten, der sogar mitten in einem akuten Lungenödem noch fähig war, an andere und für andere zu denken (und nicht nur an sich und die eigene Not), nämlich an und für seine Schwester: „Ich hoffe, sie muss das nie zuhause erleben, das erträgt sie nicht." Für die behandelnde Ärztin löste dieser Satz, während sie ihm ein Medikament injizierte, das die Atemnot lösen sollte, eine Art mikro-philosophisches Erlebnis aus. Ihr wurde klar, mit einem Schlag, welche menschliche „Leistung" es war, im Augenblick der höchsten *eigenen* Not, an das Wohlergehen anderer zu denken. Dieses Aufleuchten der „Größe" des Menschseins drehte in der Empfindung der Ärztin die angeblichen Verhältnisse gründlich um: Sie empfand mit einem Male, dass *nicht sie* die Helfende mit all ihrer ärztlichen Kompetenz war und ihr gegenüber ein hilfsbedürftiges Wesen, sondern sie empfand, dass sie helfen *durfte* – weil sie gewissermaßen am Mut eines Menschen teilhatte, in dem „Würde" in merkwürdiger Weise aufleuchtete. In dieser Teilhabe konnte sie auch empfinden, wie dieser Mensch *ihr* half, sich und die Welt besser zu verstehen.

Wenn wir den Weg der Sorge konsequent zu Ende gehen, leuchtet eine Würde auf, die jeglicher Definition und jeglicher gesellschaftlicher Ordnung und Rollenverteilung spottet. David Servan-Schreiber macht auf diesen Beziehungscharakter der Würde aufmerksam. Würde hat auch etwas damit zu tun, wie wir einander würdigen. Wie können wir einander würdigen, in schwierigen, neuen und ungewohnten Situationen?

Wenn der Kranke hinfällig wird, ist es für ihn immer schwieriger, seine Würde zu bewahren. Schon bei so banalen Dingen wie dem Anziehen der Unterhose wird man abhängig. Die eigene Intimität ist nicht mehr geschützt. Auch da muss man ganz einfache Dinge sagen können: „Ich hoffe, es stört dich nicht zu sehr, wenn ich dieses oder jene tue?" Natürlich muss es manchmal schnell gehen, zum Beispiel beim Duschen, wenn das Mittagessen kommt. Dann besteht die Gefahr, in einen mechanischen Prozess zu verfallen.

Aber für den Menschen, der splitternackt dasteht, ist nichts mechanisch, und er fürchtet mehr als alles andere, wie ein Baby oder wie ein Haustier behandelt zu werden. Der Kranke wiederum muss anerkennen, dass die Belastung für die Familie über das normale Maß hinausgeht. Niemand ist daran gewöhnt, einem erwachsenen Menschen beim Duschen zu helfen, beim Gang auf die Toilette, selbst wenn es der Ehemann, der Bruder oder die Mutter ist …. Auch die Angehörigen, die das übernehmen, haben ein Anrecht, dass man ihr Schamgefühl schützt und ihren Einsatz würdigt. [39]

39   Servan-Schreiber, a. a. O., S. 98, 99.

Das Sorgen für andere als Kunst begreifen!

(Nicht als Technik, nicht nach dem Muster eines herstellbaren Produkts, ja nicht einmal nach dem Muster einer Dienstleistung)

1. *Zugehen*
    a. *An die Menschen denken und mit ihnen verbunden bleiben*
    b. *Jenen Unterstützung anbieten, die nicht mehr von alleine kommen können*
    c. *Jemanden von zu Hause abholen und begleiten*

2. *Sich einlassen*
    a. *Dass man bereit ist, auf die Nöte und Sorgen der betreffenden Person einzugehen*
    b. *Sich auf demente Menschen einlassen und mit ihnen auf ihre Insel begeben*
    c. *Ich lasse mich darauf ein, lasse Hilfe zu*
    d. *Sie war bereit darüber zu reden und ließ sich schließlich gerne helfen*
    e. *Zuhören und ein Geheimnis bewahren können*

3. *Tragen und Mittragen*
    a. *Mir macht Mut, dass Menschen da sein können, die mittragen*
    b. *Getragen werden und tragen können*

c. Ich fühle mich aufgehoben in der Gemeinschaft

d. Sie hat ihr Netzwerk und fühlt sich aufgehoben

4. Herausholen

a. Die Menschen aus ihrem Alltag herausholen

b. Das Alltägliche schätzen

c. Den Alltag unterbrechen

5. Geben und Empfangen

a. Mut hat mir gemacht, wie dieser Herr die Fürsorge dankbar angenommen hat

b. Emotionale Bindung aufbauen

c. Den Menschen in seiner Würde wahrnehmen

d. Indem man andere ermutigt, ermutigt man auch sich selbst.

e. Sie war sehr offen und interessiert – dadurch entstand mit den Helfern und Helferinnen ein sehr persönlicher Kontakt

f. Ein ausgewogenes Geben und Nehmen

g. Für ein Gleichgewicht im Netzwerk sorgen zwischen der betreffenden Person und den Helfern und Helferinnen

Ermutigend ist es womöglich, nicht nur die *Last* der Sorge (für sich in der eigenen Schwäche und andere) wahrzunehmen. Denn diese ist ein Gemeinplatz. Mut braucht es und ermutigend ist es, die Sorge einmal *als Spiel* zu begreifen. Bekanntlich hat ein Spiel Regeln (oft strenge), es braucht Gehorsam, um der Logik des Spiels zu folgen, nur dann spielt es sich gut. Und gleichzeitig fühlt sich die Bewegung des Spiels *frei* an – und bekanntlich und mit Friedrich Schiller ist der Mensch ja nur da ganz Mensch, wo er spielt. Der Philosoph Hans-Georg Gadamer hat in der bekannter gewordenen Schrift „Die Aktualität des Schönen" gezeigt, dass eine Analyse und Nachdenken über das Wesen des *Spiels* besonders Aufschluss über künstlerisches Handeln und künstlerisches Erleben ermöglicht.[40] Diese Logik künstlerischen Spiels unterscheidet sich dramatisch von instrumentell-technischem Handeln und von berechnendem Denken.

Ästhetisches (Sorge-)Handeln können wir in Analogie mit dem Spiel begreifen, das in erster Linie durch das „Hin und Her einer Bewegung" charakterisiert ist. „Das Spiel erscheint nun als eine Selbstbewegung, die durch ihre Bewegung nicht Zwecke und Ziele anstrebt, sondern die Bewegung als Bewegung, die sozusagen ein Phänomen des Überschusses, der Selbstdarstellung des Lebendigseins meint." Wenn die Sorge-Kunst gelingt, dann wird nicht nur eine Krankheit diagnostiziert und wegtherapiert, nicht nur pflegerisch beim Anziehen, Essen und bei der Körperpflege geholfen. Nein, dann

---

40 Hans-Georg Gadamer: Die Aktualität des Schönen. Kunst als Spiel, Symbol und Fest, Stuttgart 1977: Reclam.

ereignet sich mitten in diesen auch „technischen" Angelegenheiten ein „Überschuss" des Lebens, der aus
der Interaktionskunst der aufeinander eingelassenen
Personen entsteht. Leider zwingen uns moderne Organisationen und ihr „Betrieb" und ein unachtsames,
verkürztes Denken dazu, dass aus dem Essengeben ein
bloß technischer Akt des Ernährens wird usw.

Der Soziologe Pierre Bourdieu bringt in seiner Analyse
sozialen Handelns diesen Unterschied ebenfalls auf den
Punkt.[41] Er unterscheidet die *Logik des Planens* von
der *Logik der Fürsorge*. Das Planen, das in der professionellen Pflege als „Pflege-Planung" Eingang gefunden
hat, setzt bewusst Ziele und definiert Mittel, um diese
Ziele dann zu erreichen. Planen ist ein berechnendes
Verhalten, das zwar der Chaotik des Lebens und der
Individualität der Personen letztlich nicht gerecht werden kann, aber sich eignet für die betriebswirtschaftliche Verwaltung von Tätigkeiten und die technische
Bearbeitung von Problemen. Das hat natürlich seine
Berechtigung und seine Effizienz, die gerade die moderne Medizin immer wieder unter Beweis stellt.

In der Regel fühlen und leben wir aber nicht „instrumentell". Die Fürsorge ist für Bourdieu wie soziales
Handeln im Allgemeinen demgegenüber kein technisches Verhalten und Denken, sondern eher ein *Spielsinn*. So wie ein Tennisspieler den nächsten Schlag
nicht als Projekt plant und sich überlegt, was das Ziel
ist und wie er den Schlag als bestes Mittel setzt, son

41 Pierre Bourdieu: Praktische Vernunft. Zur Theorie des Handelns,
    Frankfurt a. M.: Suhrkamp 1998, bes. S. 143ff.

dern ins Spiel eingelassen, die nächsten Möglichkeiten antizipiert und reagiert – genauso agiere die „wilde" (nicht verwissenschaftlichte, professionalisierte und verwaltete) Fürsorge. Man lässt sich zunächst – als Angehöriger, Freundin, als Nachbarin – auf einen anderen Menschen ein, ohne Zurüstung und Sicherheitsnetz, dann beginnt eine Bewegung, ein Spiel der Sorge, die sich in den oben zitierten, grundlegenden „Spielzügen" charakterisieren lässt.

Betrachten wir die oben genannten „Regeln" der Sorge-Kunst oder ihre Spielzüge noch etwas genauer. Schon die erste Bewegung unterscheidet sich von den üblichen Denkmustern im Gesundheitssystem. Ein Hausarzt fragt etwa gerne: „Was führt Sie zu mir?" Das Gesundheitssystem ist als ein Angebot konstruiert, das wir aufsuchen müssen, wenn wir ein Problem haben. Das leuchtet auch ein. Aber die andere mögliche Bewegung eines (präventiven) *Zugehens* gerät dabei aus dem Blick. Wenn wir schwach, einsam, hilflos sind, ist auch die Geste eines vorauseilenden Zukommens selbst schon heilsam, sie ist nicht demütigend, wir fühlen uns wahrgenommen. Selbst wenn also Dienstleistungsangebote aufgesucht werden müssen, bestünde die *Kunst* der Sorge darin, eine zugehende Geste zu vollbringen. Das spürt man. Das tröstet und beruhigt.

Die zweite genannte Bewegung – das „Sich-Einlassen" – entspricht und unterscheidet sich von der analogen Tätigkeit in sorg-loser und trost-los ausgeübter Pflege und Medizin: von der Diagnose. Das Diagnostizieren verlangt einen distanzierten, objektivierenden Blick.

Das ist per se kein Übel – aber es wird erst zu einer Kunst, wenn sich die beiden Menschen aufeinander einlassen als Personen, inmitten der Untersuchung, die zu einer Diagnose führt. Die konkreten Hilfestellungen (Therapie, pflegerische Unterstützung usw.) werden in der Kunst zu einem „Tragen und Mittragen", das einen aus dem Alltag auch herausholt. Da gäbe es wohl viel zu sagen, es genügt aber, einfach die Begriffe oben zu meditieren und mit Leben zu füllen.

Dennoch muss der letzte Punkt hervorgehoben werden. Technisches Handeln ist streng genommen eines, bei dem ein aktives Subjekt über ein (passives) Objekt agiert. Ebenso ist das Erbringen einer Dienstleistung letztlich eine Einbahnstraße vom Dienstleister zum Empfänger. In echter Sorge-Kunst jedoch ist diese Ebene der Asymmetrie relativiert oder gar außer Kraft gesetzt in einem Geben und Empfangen, das keine der beiden Personen in eine schwächere oder stärkere Position versetzt. So paradox es klingt – und am Beispiel der Krankenpflege formuliert. Das Waschen eines Menschen wird zur Kunst, wenn es (wie) nebenbei geschieht. Als etwas mehr oder weniger Selbstverständliches, das in einem personalen Austausch „aufgehoben" ist.

An diesem Punkt verweist Gadamer auf eine weitere, vielsagende Dimension der Kunst, die uns auch für die Kunst der Sorge zu denken geben kann. Künstlerisches Handeln und Erleben, (Sorge-) Handeln, verweist nämlich auf eine unbestimmte Bedeutsamkeit, hat auch eine „symbolische" Dimension.

Was heißt Symbol? Es ist zunächst ein technisches Wort der griechischen Sprache und meint die Erinnerungsscherbe. Ein Gastfreund gibt seinem Gast die sogenannte ‚tessera hospitalis‘, d. h., er bricht eine Scherbe durch, behält die eine Hälfte selbst und gibt die andere Hälfte dem Gastfreund, damit, wenn in dreißig oder fünfzig Jahren ein Nachkomme dieses Gastfreundes einmal wieder ins Haus kommt, man einander im Zusammenfügen der Scherben zu einem Ganzen erkennt.

Hier können wir uns ganz den Worten Gadamers hingeben und dabei an die Sorge denken, wenn es weiter heißt:

… dass die Bedeutsamkeit, die dem Schönen der Kunst [des Sorge-Handelns] anhaftet, auf etwas verweist, was nicht unmittelbar in dem sichtbaren und verständlichen Anblick als solchem liegt […] Das Erfahren des Symbolischen meint, dass sich dies Einzelne, Besondere wie ein Seinsbruchstück darstellt, das ein ihm Entsprechendes zum Heilen und Ganzen zu ergänzen verheißt, oder auch, dass es das zum Ganzen ergänzende, immer gesuchte andere Bruchstück zu unserem Lebensfragment ist … die Erfahrung des Schönen … ist die Beschwörung einer möglichen heilen Ordnung, wo immer es sei.[42]

Vielleicht ist es gar nicht zu hoch gegriffen, gar nicht „pathetisch“ zu sagen, dass eine Schlüsselfrage des Menschen in der gegenwärtigen Gesellschaft, die sich

---

42 Gadamer, a. a. O., S. 41, 42.

ganz dem technischen und ökonomischen Fortschritt und so dem „Vorrang der instrumentellen Vernunft"[43] verschrieben hat, die ist, ob wir die *ästhetische* und die *symbolische* Seite des Denkens und Handelns, in der Sorge und vermutlich generell, einebnen – oder ob es uns gelingt, sie in komplexer Verschränkung mit dem instrumentellen Tun am Leben zu halten. Eine Gefahr heute ist etwa – gleichsam ein Symptom dieser umfassenderen Frage –, dass ehrenamtliche Engagierte gewissermaßen zu Mitarbeiterinnen (die man „einsetzt, wenn ...") der professionellen Dienstleistungsorganisationen werden (Hospize, Palliativteams). Die geschenkte freie Sorge wird sozusagen ein Angebot des Gesundheitsmarktes und der Gesundheitsverwaltung.[44]

Gedacht wäre es eigentlich umgekehrt – nämlich dass sich die Profis und ihre Organisationen selbst als ein Teil eines umfassenderen Spiels der Sorge in der Gesellschaft verstehen, zu dem sie wichtige, aber bei weitem nicht die einzigen und nicht unbedingt die bedeutungsvollsten Spielzüge beitragen.

---

43 Charles Taylor: Das Unbehagen an der Moderne, Frankfurt a. M.: Suhrkamp 1995.

44 Andreas Heller, Patrick Schuchter: Sorgeethik. Die Hospizidee als kritische Differenz im Gesundheitsmarkt. In: Giovanni Maio (Hg.): Ethik der Gabe. Humane Medizin zwischen Leistungser- bringung und Sorge um den Anderen, Freiburg·Basel·Wien 2014: Herder, S. 271–314.

Die Öffnung in den öffentlichen Raum

Wissenschaftlerinnen und Wissenschaftler, die sich mit „Care" und „Care-Work", also mit der Sorge für andere und den damit verbundenen Arbeitsfeldern in unserer Gesellschaft und Lebenswelt beschäftigen, weisen aus soziologischer, historischer und weltanschaulicher Perspektive immer wieder auf diese Tatsachen hin: Sorge-Arbeit (Kindererziehung, Haushalt, Pflege der Alten …) wurde historisch Frauen zugewiesen, der eigentliche „Ort" der Sorge ist das Private, nicht der öffentliche Raum, der Raum der öffentlichen Angelegenheiten (Politik, Wirtschaft, Kultur) ist der des Sprechens, das Private ist stumm und – letztlich – wer sorgebedürftig ist und wer Sorge für andere leistet, ist nicht „Bürger" im vollen Sinn des Wortes (was sich zum Beispiel im erst spät erlangten oder zugestandenen Wahlrecht der Frauen ausdrückt). „Bürger" im vollen Sinn sind geschäftsfähige und – nicht ganz unwesentlich – geschäftstüchtige (manchmal auch kriegführende) Männer im „besten" Alter. Die Randzonen solcher Vitalität (Kindheit, Krankheit, Alter) werden ausgeblendet und der stummen Sorge der Frauen überantwortet.

Die Geschichte – mehr oder weniger der Menschheit – ist geprägt von einem bestimmten Muster gesellschaftlicher Arbeitsteilung und Bewertung, einer „symbolischen Ordnung", wie die Theologin und Sozialethikerin Ina Praetorius schreibt:

Tatsache ist, dass sich in den Jahrhunderten vor der Zeitenwende im östlichen Mittelmeerraum in zahllosen Texten eine Welt-Konstruktion etablierte und stabilisierte, deren Kernaussagen sich so zusammenfassen lassen:

| *Es gibt zwei Sorten von Menschen, freie und unfreie, und es gibt zwei Geschlechter, Männer und Frauen.*
| *Männer sind wichtiger, klüger, stärker und freier als Frauen.*
| *Der Maßstab, an dem sich die Definition des Menschlichen misst, ist der einheimische erwachsene Mann.*
| *Es gibt Menschen – Ehefrauen, Kinder, Sklavinnen und Sklaven –, die sich legitimerweise im Besitz anderer Menschen – Herren, Herrinnen – befinden.*
| *Dass es in diesem Sinne freie und abhängige Menschen gibt, entspricht dem natürlichen beziehungsweise göttlichen Gesetz und ist somit unabänderlich.*[45]

Die Sorge um andere (Kinder, Alte, Kranke, insgesamt den Haushalt) wurde dabei den abhängigen Menschen zugewiesen, während der freie Mann den „öffentlichen Angelegenheiten", den *res publicae*, den Geschäften und der Politik nachgeht.

---

45 Ina Praetorius: Wirtschaft ist Care. Die Wiederentdeckung des Selbstverständlichen. Heinrich-Böll-Stiftung 2015. Online: https://www.boell.de/de/2015/02/19/wirtschaft-ist-care-oder-die-wiederentdeckung-des-selbstverstaendlichen [22.2.2017], S. 13.

Die Organisation von Care-Aufgaben spiegelt jedoch noch ihre historische Entstehung im 19. Jahrhundert. Care wurde ...

| *Frauen zugewiesen,*
| *abgewertet als ihre scheinbar natürliche Aufgabe,*
| *unsichtbar gemacht im privaten Raum der Familie oder*
| *unterfinanziert und semi-professionalisiert im sozialen Bereich organisiert.*[46]

Gleichzeitig wird der Beitrag von Sorge-Arbeit in der gängigen ökonomischen Rechnung schlichtweg verschwiegen:

Die dominante kapitalistische Ökonomie macht gegenwärtig weltweit rücksichtslosen Gebrauch von sozialen Voraussetzungen, die sie selbst nicht herstellen kann: nämlich Sorgetätigkeiten und Fürsorgebeziehungen, auch dort, wo diese kapitalisiert werden. [47]

Ganz quantitativ wurde das von der UNO 1980 in einem immer wieder zitierten Befund festgestellt: „Frauen stellen die Hälfte der Weltbevölkerung dar, verrichten nahezu zwei Drittel der Arbeitsstunden, erhalten ein Zehntel des Welteinkommens und besitzen weniger als ein Hundertstel des Weltvermögens."[48]

---

46 Care-Manifest: Care.Macht.Mehr.Com
47 Senghaas/Knobloch 2013, S. 210
48 UN-report 1980.

In der Sorge geht es auch um die Eroberung des öffentlichen Raums, der Rückkehr der Sorge (als Bedürftigkeit einerseits und Tätigkeit des Sich-Kümmerns andererseits) in die Normalität der Gesellschaftsmitte. Das Leben zu Ende zu denken heißt, im alltäglichen Bewusstsein auch den ganzen Lebenslauf des Lebens vor sich zu haben – und damit auch die Sorge für die gebrechlichen Randzonen des Lebens. Es heißt, daraus Gewinn für die Menschlichkeit der Gesellschaft, für die personale und geistige Reife Menschen *jeglichen* Alters zu ziehen und nicht immer nur einen undenkbaren Schrecken darin zu vermuten. Eine Gesellschaft, die die *Schwäche* des Lebens, etwa in Form eines Pflegeheims, in der Mitte der Gemeinde ansiedelt, wird eine vollständigere Sicht des Lebens entwickeln – mit allem, was an Praktiken dazugehört – als eine, die die Sorge an den Ortsrand verbannt. Darin steckt eine Befreiung der Sorge. *Sorge befreien* hieße also, der Sorge den Rang in der Gesellschaft zukommen lassen, der ihr eigentlich zusteht – gewissermaßen aus der Gesellschaft eine sorgende Gesellschaft machen.

Die Befreiung der Sorge befreit auch das Wissen der Sorge. Warum sind Geschichten, die von der Sorge für andere in Leidenssituationen oder in Situationen der Krise erzählen, besonders kostbar? Dafür gibt es wohl viele, intuitiv plausible Gründe. Nennen wir zwei. Zunächst leben wir in einer Zeit und einer Gesellschaft, die das einzelne, vereinzelte Individuum zum Prinzip erhoben haben (der „moderne Individualismus") – nicht nur als kulturelle Vorliebe, sondern in der rechtlichen, ökonomischen und politischen Konstruktion der Gesellschaft. Das ist zunächst eine

enorme Errungenschaft – weil man in solchen Gesellschaften mit den Einzelnen einfach besser umgeht als
etwa in „totalitären" Staaten, wo Einzelne nichts oder
weniger zählen. Das einzelne Leben ist geschützt. Ein
unangenehmer Nebeneffekt dieses historischen Erfolgs
ist jedoch, dass zunehmend aus dem Blick gerät, wie
sehr Glück und Leben von der Beziehung zu anderen
Menschen abhängen.

Wir tun heute ein bisschen so, als wäre der Mensch
immer schon eine geschäftsfähige und auch geschäftstüchtige Person. Dabei werden die (langen und prä-
genden) Phasen der Abhängigkeit in der Kindheit, in
Behinderung, in Krankheit, im (hohen) Alter einfach
ausgeblendet: als irgendwie nicht so ganz zum Leben
gehörig. Da kann aber eigentlich etwas nicht ganz stim-
men. Das Leben ist doch ein ganzer Bogen – und vielleicht müssen wir in Bezug auf das Selbstbild des modernen Menschen umdenken und die Phasen der Sorge
und Sorge-Bedürftigkeit mehr ins eigene Lebensgefühl
und Selbstbild integrieren. Der ganze Sorge-Bereich –
lange und immer noch in der Arbeitsteilung der Gesellschaft den Frauen zugewiesen – ist unter- oder gar
nicht bezahlt (Haushalt, Pflege). Aber gerade da steckt
eine ungeborgene Weisheit des Lebens – auch und gerade für eine Zeit und Gesellschaft, deren Mitglieder
sich ausgerechnet über das Gegenteil (die Freiheit *von*
Sorgeverpflichtungen) selbst verstehen und definieren.

Der zweite Grund, warum Geschichten von der Sorge für andere in einer Krise besondere Geschichten
sind, ist einfach der, dass im Leiden und in der Krise
sich besonders zeigt, was es heißt, Mensch zu sein. Es

gehört zu den ältesten religiösen und philosophischen Einsichten, dass sich die wichtigsten Erkenntnisse des Menschen über sich selbst in der Erfahrung von „Grenzsituationen" (Karl Jaspers) ergeben und bewähren müssen. Dann, wenn der Mensch mit seiner Endlichkeit konfrontiert wird – und die Sorge anderer auf verschiedenen Ebenen braucht und auch in seine Sorge für sich selbst tiefer geweckt wird.

ERMUTIGUNG
grundsätzlich

Das Ende planen? Oder:
das Ende der Planbarkeit

Es ist noch nicht lange her, dass das Bild von den „Göttern in Weiß" verwendet wurde, um das dominante und patriarchale Handeln von Ärzten zu illustrieren und zu kritisieren. Die Haltung vieler ÄrztInnen heute hat sich verändert. Mittlerweile hat sich ein breites Verständnis für die Rechte der Kranken und die Rechte der sterbenden Menschen durchgesetzt. Die Patientenverfügungen waren und sind ein Ausdruck dafür, den sogenannten Willen der Betroffenen nicht ignorieren zu können und zu dürfen. Zunächst ist es beunruhigend, wenn man liest, dass die Patientenverfügungen gescheitert sind. Was soll damit angezeigt werden? Was ist die Alternative dazu, dass von dem geäußerten oder auch zu identifizierenden (mutmaßlichen) Willen der Betroffenen her gedacht und behandelt werden muss? Inwieweit tragen neue Konzepte des ACP = Advance Care Planning oder, wie es dann medizintechnisch umgedeutscht wird: „Behandlung im Voraus planen"?[49]

Das Kernthema illustrieren wir an einem zeitlos gültigen Text aus der Weltliteratur. Es ist die Beschreibung dieses Gefühls des Unverstandenseins von Patienten, ihre Erfahrung, ausgeliefert zu sein, weil es nicht gelingt, die – modern gesprochen – Arzt-Patient-Bezie-

---

49 M. Coors, R. Jox und J. in der Schmitten (Hrsg.): Advance Care Planning: Von der Patientenverfügung zur gesundheitlichen Vorausplanung, Stuttgart: Kohlhammer 2015; J. In der Schmitten, F. Nauck und G. Marckmann: Behandlung im Voraus planen (Advance Care Planning): ein neues Konzept zur Realisierung wirksamer Patientenverfügungen (CME-Artikel). Zeitschrift für Palliativmedizin 17/2016, S. 177–195.

hung wirklich zu einer Beziehung „auf Augenhöhe", der würdigenden Intersubjektivität, der authentischen Offenheit zu entwickeln.

Wie die Sorgen, die Ängste, die Unsicherheiten, die den Patienten beschäftigen und welche Relevanz sie für den weiteren Umgang miteinander haben, bleibt die Schlüsselfrage dieser Sorgen am Lebensende.

Der Text ist ein Stück Weltliteratur, die Erzählung mehr als 100 Jahre alt. Sie erschien erstmals im Jahr 1886 und ist bleibend eindrucksvoll nicht zuletzt deshalb, weil sie versucht, aus der Perspektive des Kranken, eines Sterbenskranken, zu zeigen, was im Kontakt, in der Beziehung, im Gespräch mit ihm wichtig ist.

Leo Tolstoi (1828–1910) erzählt die Geschichte des Sterbens eines 45-jährigen russischen Gerichtsbeamten, Iwan Iljitsch, der angesichts einer schweren Erkrankung die Bilanz seines oberflächlich erfolgreichen Lebens zieht. Es ist die Erzählung eines Lebens, das im Angesicht des drohenden Todes die existenziellen Fragen nach dem Sinn, dem Verfehlen des Lebens, nach wesentlichen und bedeutsamen Beziehungen aufwirft, nach Menschen, denen das Leiden nicht gleichgültig ist, die da bleiben und Mitleid haben und sich in die Lage des Kranken hineinzuversetzen suchen.

Also: Eine für unseren Zusammenhang relevante Sequenz aus der Erzählung beginnt damit, dass Ivan Iljitsch auf Grund diverser Beschwerden von seiner Frau genötigt wird, einen Arzt aufzusuchen.

Er fuhr hin. Alles war genauso, wie er es erwartet hatte, genauso, wie es immer geschieht. Zuerst das Warten, dann der Doktor, wichtigtuend, aufgeblasen – Iwan Iljitsch kannte das von sich selbst, er war genauso bei Gericht – dann das Abklopfen, das Abhorchen, die Fragen, auf die ganz bestimmte und offenkundig unnütze Antworten erfolgten, der bedeutungsvolle Blick, der ihm sagte: „Haben Sie nur Vertrauen zu uns, wir werden es schon machen, wir wissen ganz genau, wie alles gemacht werden muß: alles auf ein und dieselbe Art und Weise bei jedem Menschen!"

Es war genauso wie im Gericht. So wie er dort den Angeklagten ansah, genauso sah ihn hier der berühmte Arzt an.

Er sagte: „Das und das zeigt, dass Sie das und das haben; sollte sich das nach der und der Untersuchung als unrichtig erweisen, so sind wir gezwungen, bei Ihnen das und das anzunehmen. Nehmen wir nun das und das an, so und so weiter, und so weiter." Für Iwan Iljitsch war nur die Frage wichtig: Ist mein Zustand gefährlich oder nicht? Der Doktor jedoch ignorierte diese unpassende Frage. Vom Standpunkt des Doktors aus war diese Frage müßig und überhaupt nicht zu erörtern; er hatte nur die größere Wahrscheinlichkeit abzuwägen zwischen Wanderniere, chronischem Katarrh oder Blinddarm. Es handelte sich hier durchaus nicht um das Leben von Iwan Iljitsch, sondern um Wanderniere oder Blinddarm.

Und diesen Wettstreit entschied der Doktor vor den Augen von Iwan Iljitsch auf eine glänzende Art zugunsten des Blinddarms mit der Einschränkung, dass eine Harnuntersuchung vielleicht neue Beweisstücke liefern könnte und die ganze Angelegenheit dann revidiert werden müßte. Das war Punkt für Punkt genauso, wie es Iwan Iljitsch selbst tausendmal schon mit den Angeklagten gemacht hatte.

Genauso glänzend machte der Doktor sein Resumee und sah den Verurteilten triumphierend und sogar heiter über seine Brille hinweg an. Aus diesem Resumee zog Iwan Iljitsch den Schluß, daß es um ihn schlecht stehe, daß dies dem Doktor und wahrscheinlich allen anderen zwar gleichgültig sei, daß es ihm aber schlecht gehe. Und diese Schlußfolgerung warf ihn nieder, er hatte Mitleid mit sich selber und war wütend auf den Doktor, dem diese so wichtige Frage vollkommen gleichgültig schien.

Doch sagte er nichts, stand auf, legte das Geld auf den Tisch, und mit einem Seufzer sprach er nur: „Wir Kranken stellen Ihnen gewiß oft Fragen, die gar nicht am Platz sind. Aber ganz allgemein gesprochen: ist die Krankheit gefährlich oder nicht?" Der Doktor sah ihn streng mit einem Auge durch seine Brille an, als wollte er ihm sagen: „Angeklagter, wenn Sie nicht in den Grenzen der an Sie gerichteten Fragen bleiben, so bin ich gezwungen, Sie aus dem Gerichtssaal entfernen zu lassen."

„Ich habe Ihnen schon gesagt, was ich für notwendig und richtig fand; alles Weitere wird die Untersuchung zeigen." Und der Doktor verneigte sich.

Iwan Iljitsch ging langsam hinaus, setzte sich ganz gebeugt in den Schlitten und fuhr nach Hause. Während der Fahrt ging er noch einmal alles durch, was der Doktor gesagt hatte, und versuchte die verwickelten, unklaren Fachausdrücke des Doktors in eine einfachere Sprache zu übersetzen und in dieser Sprache die Antwort auf die Frage zu lesen: „Steht es schlecht, sehr schlecht mit mir, oder ist es noch nichts?" Und der Sinn alles dessen, was der Doktor zu ihm geredet hatte, schien ihm zu sein: ´es steht sehr schlecht.´

Das Leben geht natürlich weiter. In Iwan Iljitsch arbeitet es. Er konsultiert andere Ärzte, sucht weitere Kapazitäten auf. Es ändert nichts an seinen Schmerzen. Er kann nicht schlafen. Selbst das geliebte Kartenspielen mit seinen Freunden ist eine Qual. In allen Gesten sieht er sich wie in einem Spiegel als Menschen, der nicht mehr dazu gehört zum Alltag der Gesunden. Ihre Gleichgültigkeit macht ihm zu schaffen.

„Und so muß er am Rande des Grabes leben, allein, ohne einen einzigen Menschen, der ihn versteht und Mitleid mit ihm hat."[50]

---

50 Vgl. Lew Tolstoj, Der Tod des Iwan Iljitsch. Eine Erzählung, Frankfurt: InselVerlag 2002

Wir wollen nicht abstreiten, dass es hier und da solche Kommunikationsmuster in der sogenannten Arzt-Patient-Beziehung gibt, und wir wissen, dass es zu den emotional belastenden Aufgaben eines Arztes gehört, sich mit dem Kranken und seinen Angehörigen hinzusetzen und zu reden. Ein Gespräch zu führen, in dem die Ängste und Sorgen des Kranken Platz haben, in dem die fürchterliche Wahrheit, dass nichts mehr so sein wird, wie es war, ausgesprochen wird, die Ungewissheit und Unsicherheit, und in allem die Ärztin zu erkennen gibt, dass sie auch betroffen ist, dass sie Mitgefühl hat mit diesem konkreten Menschen, der ihr gegenübersitzt, vielleicht mit tränenverschmiertem Gesicht, vielleicht erstarrt, kalkweiß geschockt und nicht fähig, auch nur irgendwie verbal zu reagieren.

Seit mehr als 20 Jahren gelten Patientenverfügungen juristisch und sozial als Mittel der Autonomiedarstellung und der Selbstbestimmung. Damit ist der Fremdbestimmung, „andere wissen besser als ich, was für mich gut und richtig ist", der Weg verstellt. Sie sollen garantieren, sicherstellen, dass das, was die Betroffenen wollen, artikuliert wird, schriftlich definiert wird und Verbindlichkeit erhält im Prozess der Behandlung, Betreuung und Begleitung.

Eine große Errungenschaft. Erst recht, weil sie einen Übergang, einen Bruch muss man fast sagen, markiert. Nicht der Arzt entscheidet über Leben und Tod, über Behandlung oder nicht Behandlung, sondern die Betroffenen selbst. Das Recht zur Entscheidung haben die Patientinnen, vielleicht mit der kleinen Einschränkung, dass sie selbst autonom und nicht in ihrer Selbstbestimmung reduziert oder eingeschränkt sind.

Was ist die Aufgabe des Arztes? Er ist verantwortlich für die medizinische Indikation und für die Therapie. Aber radikal formuliert, macht er Behandlungsvorschläge, die idealiter mit den Betroffenen konsensuell vereinbart werden können. Handelt der Arzt gegen den expliziten Willen der Betroffenen, macht er sich sogar strafbar. In vielen Ländern war es daher Anliegen des Gesetzgebers, mit Hilfe von sog. Patientenverfügungen diese Selbstbestimmung und Entscheidungshoheit der Betroffenen außer Frage zu stellen.

Wenn jetzt in Deutschland etwa die Patientenverfügung als gescheitert definiert wird, muss man sich nicht nur verwundert die Augen reiben, sondern nach den Gründen fragen und den Alternativen, die an die Stelle treten sollen. Der wichtige Impuls, die Autonomie der Betroffenen zu schützen und zu stützen, erst recht in den verletzbaren Phasen des Lebens, sicher also am Lebensende, ist das Ziel vieler Bemühungen. Obwohl die verschiedensten Formulare für die Patientinnenverfügungen millionenfach kursieren und aus dem Netz heruntergeladen werden konnten. Die Praxis zeigt, dass der Umgang mit ihnen schwierig ist. Einmal auf der Seite der Betroffenen selbst. Viele Menschen wissen um dieses Instrument und haben selbst keine Patientenverfügung ausgefüllt.

Vielleicht scheut man davor zurück, sich mit dem Lebensende, mit Therapiemöglichkeiten zu befassen und erst recht mit dem Verzicht darauf. Vielleicht liegt dem ein Gefühl der Scheu, eine tiefer sitzende Angst zu Grunde, sich im Modus der Planung mit dem Sterben und Tod befassen zu wollen.

Manche Menschen überlassen sich dem Leben. Andere haben zeitlebens gelernt mit dem umzugehen, was ihnen begegnet, also zu reagieren und nicht Situationen planerisch zu antizipieren, Wenn und Aber abzuwägen und sich in den Zustand vorausschauender Lebensplanung zu begeben. Der Rheinländer etwa bringt diese Mentalität lapidar zum Ausdruck, wenn er in gängig kölscher Redeweise weiß: „…het kütt wie het kütt". Es kommt halt so, wie es kommen soll.

Ist es so abwegig, auf ein gnädiges Schicksal zu hoffen, sich der Situation und gutmeinenden Menschen zu überlassen? „Der Herrgott wird´s schon richten", hört man manchmal zuversichtlich aus dem Mund älterer Menschen. Eine vom Gericht eingesetzte Betreuerin erzählt von ihrer todkranken Klientin, sie habe einfach gelassen den aufmunternden Satz gesagt: „Mädchen, du wirst das schon machen!" – und damit ausgedrückt, dass sie die Verantwortung für ihr Lebensende vertrauensvoll in die Hände einer fremden, vom Amtsgericht bestellten (!) Person zu legen bereit war. Die Entscheidung zwischen den medizinischen Optionen war überfordernd, zudem die Fähigkeit selbst zu entscheiden und zu unterscheiden geschrumpft.

Oft ist es ja tatsächlich so, dass sich im Sterben die Wahrnehmung reduziert. Und dann kann es gut sein, wenn jemand da ist, dem wir einfach vertrauen können. Und wenn dieser jemand seinerseits auch nicht allein ist, sondern in dem ihm entgegengebrachten Vertrauen getragen wird. Wer kann schon für Krankheitsentwicklung, für Lebenssituationen, in denen die Abhängigkeit und Hilflosigkeit in einem Ausmaß zugenommen hat, wie man es sich selber nicht hat vorstellen können, Entscheidungen simulieren? Und geht es überhaupt um Entscheidungen?

Das Leben ist offen. Und wir leben nicht nach Schema, und wir sterben nicht nach Schema. Das aber ist die unterliegende Botschaft der Patientenverfügungen, man könne bestimmte Situationen, die sich ganz allgemein bei Sterbenden einstellen, Antworten und Umgangsweise simulieren. Im Letzten richtet die Logik der Patientenverfügung die individuelle Auseinandersetzung mit dem Sterben dahingehend aus, dass man das Sterben und etwaige Situationen vorwegnehmen kann, dass man im Zustand des „Verfügenden" die Zukunft festlegt. Unabhängig davon, wie man sich in der künftigen Situation fühlen mag und ob man dann nicht vielleicht das Gegenteil von dem empfindet, was man vor Monaten oder Jahren im Zustand strahlenden Gesundseins feierlich dekretiert hat.

Die Medizinjournalistin Erika Feyerabend nennt das den „Entscheidungstod", der in Patientenverfügungen angelegt sei. Man stelle sich einen Verzicht auf Behandlungen etwa von therapierbaren Begleiterkrankungen weit vor dem Eintreten solcher prinzipiell nicht vorstellbaren Lebensumständen vor und lege das, wenn auch immer revidierbar, fest. Oder anders, durch die Rechtsprechung bestätigt, eine allgemeine Formulierung, auf lebensverlängernde Maßnahmen möge verzichtet werden, wurde vom Bundesgerichtshof mit einem Beschluss vom 6. Juli 2016 (XII ZB 61/16) bei einer nicht mehr entscheidungsfähigen Frau als zu wenig konkrete Behandlungsmaßnahmen nicht anerkannt.

Deutschland hat seit Oktober 2015 ein neues Hospiz- und Palliativgesetz. Im weitesten Sinn soll es dazu beitragen, Hospiz- und Palliativversorgung weiter zu festigen, die Versorgung der Bevölkerung am Lebensende zu verbessern und entsprechende Dienstleistungen zu finanzieren und auszubauen. Das ist gut so. In diesem Gesetz wird auch verankert, dass Menschen in Betreuungseinrichtungen und Pflegeheimen dazu angehalten werden sollen, eine Vorsorgeverfügung zu entwickeln.

Ganz allgemein gesprochen ist das natürlich grundsätzlich nicht abzulehnen, wenn sich Menschen Gedanken über ihre Zukunft machen, ihre Gefühle ausdrücken, mitteilen können, was sie bewegt, beschäftigt, besorgt.

Es geht im Rahmen des Gesetzes um die konkreteste und realistischste Zukunft, dass wir sterben werden. Vorsorge meint dann – und so wird es in der Folge ganz eng gefasst – einen Plan zu haben, was Dritte, also vor allem Ärzte, tun oder lassen sollen, wenn man selber nicht mehr für sich sprechen kann, wenn man Anderen buchstäblich ausgeliefert ist.

Im englischen Sprachraum hat sich dafür der Begriff ACP = Advance Care Planning eingebürgert, was so viel bedeutet, dass man im Voraus über die Anliegen und Befürchtungen reden soll, einen Plan machen könnte mit den Pflegekräften und den Ärzten u. a., wie man behandelt werden will und was man an Behandlungen auch nicht will. Dieses Konzept umfassenden „Carings" (care = Sorge) wird von einigen Protagonisten einfach und kurzerhand im Deutschen mit Behandlung übersetzt. Die neudeutsche medikalisierte Variante heißt nun: „Behandlung im Voraus planen".

Das ist natürlich eine verhängnisvolle und verheerende Engführung. Am Lebensende geht es eben nicht allein um Behandlung. Im weitesten Sinne verstehen wir ja unter Behandlung ärztlich-medizinisches Tun. Care ist wesentlich mehr als Behandlung. Care ist nicht zu reduzieren auf das, was die Ärzte tun oder lassen. Deshalb ist eine vorausschauende Sorge zunächst auch nicht und nicht allein „Sache" derer, die sich von ihrem Beruf her damit befassen. Vorsorge ist nicht identisch mit Behandlung, Vorsorgegespräche sehen anders aus als Behandlungskommunikation. Und schließlich brauchen wir im Prozess der Auseinandersetzung etwas Anderes.

Wir brauchen Menschen, die in der Haltung des Zuhörens kommen und nicht in der Absicht, Sterbeprozesse effizienter zu gestalten. Natürlich wird man einwenden, das ist doch selbstverständlich, die von der Krankenkasse honorierten sogenannten Gesprächsbegleiter – so sieht es das Gesetz vor – sind professionell geschult (will sagen: sie verstehen ihr Geschäft). Und dazu gehört es selbstverständlich auch, die Funktion des Zuhörenden eingelernt zu haben.

Aber: In diesen sorgenden Verständigungen geht es eben nicht um die Funktion, sondern um die Haltung der Absichtslosigkeit, deutlicher der möglichen Ergebnislosigkeit. Die Haltung des Zuhörenden wird gespeist von einer „Ethik des Zuhörens", die durch eine „Passivität der Geduld" charakterisiert ist.[51] Diese Haltung des Zuhörens ist kaum schöner beschrieben worden als von Michael Ende in seinem Buch „Momo", von der es heißt:

Was die kleine Momo konnte wie kein anderer, das war: zuhören. Das ist doch nichts Besonderes, wird nun vielleicht mancher Leser sagen, zuhören kann doch jeder. Aber das ist ein Irrtum. Wirklich zuhören können nur ganz wenige Menschen. Und so wie Momo sich aufs Zuhören verstand, war es ganz und gar einmalig. ... Dabei schaute sie den anderen mit ihren großen dunklen Augen an, und der Betreffende fühlte, wie ihm auf einmal Gedanken auftauchten, von denen er nie geahnt hatte, dass sie in ihm steckten. Sie konnte so zuhören, dass ratlose und unentschlossene Leute auf einmal ganz genau wussten, was sie wollten. Oder dass Schüchterne sich plötzlich frei und mutig fühlten. Oder dass Unglückliche und Bedrückte zuversichtlich und froh wurden. Und wenn jemand meinte, sein Leben sei ganz verfehlt und bedeutungslos und er selbst nur irgendeiner unter Millionen, einer, auf den es überhaupt nicht ankommt und er ebenso schnell ersetzt werden kann wie ein

51 Byung-Chul Han: Die Austreibung des Anderen. Gesellschaft, Wahrnehmung und Kommunikation heute, Fischer: Frankfurt am Main 2016, S. 99, 95.

*kaputter Topf – und er ging hin und erzählte alles
das der kleinen Momo, dann wurde ihm, noch während er redete, auf geheimnisvoll Weise klar, dass er
sich gründlich irrte, dass es ihn genauso wie er war,
unter allen Menschen nur ein einziges Mal gab und
dass er deshalb auf seine besondere Weise für die
Welt wichtig war. So konnte Momo zuhören!* [52]

Der Zeitdiagnostiker und Philosoph Byung-Chul Han
schreibt:

> *Das Zuhören hat eine politische Dimension. Es ist
> eine Handlung, eine aktive Teilnahme am Dasein
> Anderer und auch an deren Leiden. Es verbindet,
> vermittelt Menschen erst zu einer Gemeinschaft.* [53]

Wie können wir uns und andere dazu ermutigen, mit
Menschen – vielleicht aus der Familie, mit dem Partner
oder der Partnerin, mit der einen oder anderen Freundin, einem Freund oder auch mit einem Kollegen, dem
wir vertrauen und mit dem wir offen reden können
– in Kontakt zu treten? Wie begegnen wir uns zu dem
Thema? Greifen wir einen Gesprächsfaden wie zufällig
auf, weil es sich ergibt, oder widmen wir bewusst eine
Zeit und einen Ort dafür, um Sorgen auf den Tisch zu
legen? In der Regel haben wir kein Bild von uns, wenn
wir einmal auf Hilfe angewiesen sein sollten, das Le-

52 Michael Ende: Momo oder Die seltsame Geschichte von den Zeit-
    Dieben und von dem Kind, das den Menschen die gestohlene
    Zeit zurückbrachte. Ein Märchen-Roman. Erstausgabe 1973,
    Stuttgart, Wien: Thienemann 2005, S. 14, 15.

53 Byung-Chul Han: Die Austreibung der Anderen. Gesellschaft,
    Wahrnehmung und Kommunikation heute, Frankfurt: Fischer
    2016, S. 98–99.

ben, das gelebt sein will, sperrt sich vielleicht auch ein Stück weit dagegen, diese Vorstellung in den Alltag herein zu nehmen. Mit welcher Leichtigkeit könnten wir also noch andere damit beschäftigen? Und dennoch: Die Erfahrung zeigt, es gibt diese Schwelle und diesen Widerstand, sie zeigt aber auch, dass das Denken auf das Ende hin, vielleicht sogar vom Ende her, das „philosophische" genauso wie das ganz „praktische" Denken und Reden, vertiefende und schließlich befreiende, beruhigende und beziehungsstiftende Wirkung entfalten kann. Wir entdecken dann vielleicht neue Seiten des Humors, der Selbstrelativierung, der Bedeutsamkeit füreinander – wenn wir konsequent einmal das Leben zu Ende denken. Und dann geht es auch um die ganz konkreten Sachen, wenn es zu Hause nicht mehr so weitergeht, wir eben Hilfe brauchen, ja, wenn es vielleicht notwendig zu sein scheint, sich anzumelden in einer Pflegeeinrichtung.

In der Antike war der Begriff der „Freundschaft" (altgr.: *philia*) sehr weit gefasst. Es ging nicht darum, soziale Rollen, etwa Familienangehörige von anderen zu unterscheiden, sondern *„philia"* meint alle Beziehungen zwischen Menschen, die gemeinsame Betätigung, Nähe und Sorge füreinander umfassen. In diesem Sinn ist es also ganz offen, wer für uns – und in welcher Hinsicht – Freund oder Freundin sein kann. Und unter den philosophierenden Menschen im antiken Athen (heute würde man von einer „Community" sprechen) war ein großes Gespür da für das Verhältnis von freundschaftlicher Intimität einerseits und geteilter Öffentlichkeit andererseits.

Um praktisch zu Ende zu denken, scheint es nun so zu sein: Wir brauchen wenige Freunde, mindestens zwei vertraute Personen und Gesprächspartner aus dem Versorgungssystem.

Das entspricht einerseits den Themen, die zur Beratung anstehen. Die Kommunikation ist hochgradig intim und immer sehr verletzbar. Andererseits haben diese Themen auch enorme öffentliche und auch rechtliche Konsequenzen. Deshalb muss Öffentlichkeit zustande kommen, sozial und faktisch ermöglicht werden. Inhaltlich stehen Fragen an, die nicht im Muster von Checklisten zu beantworten sind. Es braucht ein Erwägen, ein Hin und Her, ein Aussprechen und Ansprechen der Unsicherheit, Not und Verzweiflung, der Ängste und letztlich den sozial gestützten Mut, sich vorläufig auf unklare und unsichere Zukünfte einzulassen, also in den Vorstellungen dessen, was auf einen zulaufen kann und auf was das Leben hinlaufen kann.

Wenn das Leben den Händen entgleitet und gute Gründe, warum man das eigene Sterben nicht in die Hand nehmen muss

Zu Ende wird aber nicht nur gedacht, sondern irgendwann dann auch tatsächlich gegangen. Wie denken wir auf dieses Ende hin und welche Gedanken begleiten das Zu-Ende-Gehen selbst? Möglicherweise hängt die Art und Weise, wie wir zu Ende gehen wollen, mit der Art und Weise, wie wir auf dieses Ende zu denken, zusammen. Möglicherweise korrigiert das konkrete Erleben des Endes aber auch unser vorläufiges Denken, das vorrangig dem Bewusstsein des aktiven und gesunden Menschen entsprungen ist.

Wie überall in diesem Büchlein glauben wir, dass das Ende vom Denken her und „beim Enden" keine Erschwernis, zumindest nicht nur, sondern auch eine Bereicherung und auch ein letzter Prüfstein des Lebens ist. In der alten philosophischen Tradition war die Art und Weise, wie ein Mensch stirbt oder mit dem eigenen Tod umgeht, ein Prüfstein der Lebenskunst, ja schließlich der Achtung und moralischen Schätzung. So galt über Jahrhunderte in der Antike, aber auch darüber hinaus, das Sterben des Sokrates, dem großen Vorbild eines Menschen, der sein Leben durch die Philosophie prägt und führt, als eine Art Beweis für seine Lebenskunst. Sokrates – vom athenischen Gericht zu Tode verurteilt – hat die Furcht vor dem Tod überwunden. Sokrates führte sein Leben *fragend*, die existenziellen Themen des Menschseins ergründend, er hinterfragte kritisch die Meinungen und Lebensweisen seiner Mitmenschen und – die Klügeren haben das verstanden – sorgte sich so für die anderen und die Gemeinschaft. Er glaubte an ein Fortleben der Seele nach dem Tod – aber nicht dogmatisch, denn in solchen Fragen müsse das jede und jeder für sich selbst erkunden. Er nannte seine Überzeugung „das schöne Wagnis auf Unsterblichkeit hinzuleben", nicht weil es einen Beweis dafür (oder eine Offenbarung darüber) geben würde, sondern weil ihm diese Überzeugung aus der fragenden und denkenden Gemeinschaft mit anderen langsam erwachsen ist; weil dieses Wagnis dazu geeignet war, das eigene Leben besser zu verstehen und ihm gewachsen zu sein.

Das Denken vom Ende war vielleicht immer schon, wurde aber in der Erinnerung an Sokrates etwa in der philosophischen Schule der Stoiker eine Übung: die *meditatio mortis*. Das Denken vom Standpunkt des Sterbens aus, eingeübt in dieser noch gesunden Stunde – und später in der Unaufschiebbarkeit des Schicksals –, wurde als das zentrale Mittel der Erkenntnis angesehen, falsche Vorstellungen vom Leben von den klaren und „wahren" zu unterscheiden. In der Regel *wissen* wir zwar (abstrakt und ungenau), dass wir einmal sterben müssen, aber so richtig *verstehen* und *sehen* (mit all unseren Affekten) tun wir das selten. Die Stoiker machten aus dem Ernstfall eine alltägliche Lebenskunstlehre – wie alle Weisheitstraditionen gehen sie von der Erfahrung aus, dass das Bewusstsein und das Wahrnehmen des Menschen, der sich seiner Sterblichkeit nicht bewusst ist, dramatisch unterscheidet von dem Bewusstsein des Menschen, der im (vollen und gefühlten) Bewusstsein seiner Sterblichkeit lebt und erlebt.[54]

Vor dem Hintergrund dessen, was wir vom marginalisierten Stellenwert der Sorge für andere wissen, können, ja müssen wir das ausdehnen. Nicht nur das Bewusstsein (und Ertragenkönnen) der Sterblichkeit macht einen Unterschied, sondern schon das Bewusstsein (und Ertragenkönnen) der eigenen Hilfsbedürftigkeit ist ein Kriterium von der Erkenntnis des Menschen und des Lebens. Salopp gesagt, wir blenden ja nicht nur den Tod aus, sondern auch Bilder des Scheiterns, der Abhängigkeit – die nichtsdestotrotz zum Leben gehören.

Die Verbindung von Denken und Sterben, Denken und Hilfsbedürftigkeit ist also in mehreren Richtungen wesentlich. Wie denken und fühlen wir auf das Ende zu – wie stellen wir uns Hilfsbedürftigkeit und Sterben vor? Wie denken und fühlen wir im Ende selbst – welche Gedanken, Sichtweisen, Gefühle entwickeln wir dabei? Welche richtigen und falschen Vorstellungen sind im Spiel? Was entdecken, was verdecken wir?

Diese Fragen werden in der Sterbehilfe-Debatte leider viel zu selten gestellt. Manchmal wird zurückgefragt: Warum ist diese Debatte eigentlich eine so große Diskussion? Die größeren Fragen am Lebensende und generell sind doch die nach der Mittelverteilung im Gesundheitswesen, während der assistierte Suizid etwa

---

54 Patrick Schuchter: Sich einen Begriff vom Leiden Anderer machen. Eine Praktische Philosophie der Sorge, Bielefeld: transcript 2016, S. 136-212.

nur eine kleine Gruppe von Menschen wirklich betrifft. Das ist schon wahr – trifft aber nicht den Punkt. Diese Debatte ist nämlich nicht in einem quantitativen Sinn so bedeutsam, sondern in einem *qualitativen*: weil sich hier wesentliche Fragen des Menschseins stellen, sich das Selbstverständnis des Menschen offenbart und auch, je nach kulturellen Richtungsentscheidungen in der Gesellschaft, geschaffen wird.

Trotz dieses Stellenwerts für die „kollektive" Weisheit und Klugheit der menschlichen Gesellschaft fehlt gerade dieser Aspekt in der öffentlichen und (medizin-) ethischen Debatte. Dort geht es in der Regel um rechtliche und moralische Argumente. Also solche, die nach dem *Dürfen* fragen. So sagen die einen, der assistierte Suizid *dürfe* nicht erlaubt werden, weil das den Druck auf Hochaltrige erhöht oder das Berufsethos aushöhlt; die Befürworter hingegen sagen, er *dürfe* nicht verboten sein, denn das widerspricht der liberalen Grundorientierung unserer Gesellschaft, also der autonomen Entscheidung über ein gutes Leben und Sterben des betroffenen Individuums selbst.

Wir wollen hier, in der Grundlinie des Büchleins insgesamt, aber zunächst einmal nicht das *Dürfen* in den Vordergrund stellen, sondern die Frage danach, ob die eine oder andere Option *klug* ist, ob sie *weise* ist oder nicht, ob sie uns das Leben tiefer oder schwächer offenbart.

Aber auch und gerade auf dieser Linie offenbaren sich ebenso gute Gründe, warum man das eigene Sterben nicht in die eigene Hand nehmen muss oder von der Hand eines anderen verlangen sollte.

Es ist mittlerweile ja kein Geheimnis mehr, dass – unabhängig von der jeweiligen Gesetzgebung des Landes – die Zustimmung für die Befürwortung des assistierten Suizids überwältigend ausfällt (das gilt allerdings nicht für sehr katholische, etwa viele osteuropäische Länder). Darin drückt sich wohl aus, dass der moderne Mensch sich a) nicht bevormunden lassen will und b) ein bestimmtes Bild von „Entwürdigung" im Zustand (radikaler) Hilfsbedürftigkeit hat. Diese Position hat ungefähr eine Grundgestimmtheit, wie sie in der prominenten Fürsprache für den assistierten Suizid vom katholischen Theologen Hans Küng zum Ausdruck kommt.[55] In einem Interview mit dem „Stern" meinte Hans Küng folgendes:

„Nicht mehr schreiben zu können, heißt für mich: nicht mehr atmen zu können. Dann ist es Zeit zu sterben. Dann möchte ich tot sein … Ein sanftes Ende, erfüllt von menschlicher Würde, und kein *erbärmliches Krepieren*: Das ist meine Hoffnung. Wir könnten doch alle gelassener sein, wenn uns *an diesem Tag ein Arzt mit einer Spritze zur Seite* stünde …"[56]

Es ist wahrscheinlich nicht zu viel behauptet: So oder ähnlich empfinden wir schnell, wenn wir an Zustände

---

55 Walter Jens, Hans Küng: Menschenwürdig sterben. Ein Plädoyer für Selbstverantwortung, 2. Aufl., München: Pieper 1998

56 Robert Spaemann, Gerrit Hohendorf, Fuat Oduncu: Vom guten Sterben. Oder: Warum es keinen assistierten Tod geben darf, Freiburg/Basel/Wien: Herder 2015, S. 103; Zitat aus einem Interview mit dem „Stern".

denken, in denen wir unsere Ausscheidungen genauso wenig wie unser Denken und Bewusstsein kontrollieren können. Das bin nicht Ich, das ist die Entstellung von mir! Und diese fällt euch zur Last, ich schäme mich, ich will euch und mir das nicht antun. Warum sollte mir in solcher Aussichtslosigkeit nicht ein Arzt mit seiner Spritze zur Seite stehen? Der selbst in die Hand genommene Tod erscheint so noch mutig, würdevoll, vielleicht sogar ein wenig heroisch. Ich bin nicht Opfer eines entstellenden und entwürdigenden Geschehens, ich lasse mir das Leben, das Bild vom eigenen Ich nicht aus der Hand nehmen, vielmehr nehme ich den Tod in die Hand. Ich bewahre das Bild von mir, das ich habe.

Aber gibt es nicht auch den anderen, gegenteiligen Mut, die andere und genau gegenteilige Entschiedenheit?

Die Gegenerzählung kommt von Karl Jaspers. Karl Jaspers ist Psychiater und einer der größten deutschsprachigen Philosophen des 20. Jahrhunderts. Für seinen „Existenzialismus" ist es von größter Bedeutung, dass Leben und Denken, Philosophie und Existenz eng miteinander verwoben sind. Der antike Prüfstein für die Philosophie, ob jemand auch nach dem *gelebt* hat, was er *gelehrt* hat, ob die im Leben erworbene philosophische Einsicht auch im Sterben, angesichts des Todes und im Leiden trägt, ist auch der Prüfstein des Existenzialismus Jaspers'. Der Text des Jaspers-Schülers Hans Saner „Sterben lernen" ist ein eindrucksvolles Dokument des Zu-Ende-Denkens, vom Ende des Lebens eines denkenden Menschen. Darin erweist sich, wie Karl Jaspers die philosophische Denkbewegung in seiner Existenz wirksam werden lassen konnte. Man muss sich zudem vorstellen, dass Karl Jaspers zeit seines Lebens an einer schweren chronischen Erkrankung litt, an Bronchiektasen. In seiner Jugend wurde ihm gesagt, er soll erst gar nicht beginnen zu studieren, er werde das dreißigste Lebensjahr nicht erreichen. Mit einer konsequenten Lebensführung und mit Hilfe und durch die starke Beziehung mit seiner Frau Gertrud Jaspers hat er diese „Prognose" nicht nur bei weitem überlebt, sondern aus seinem reflektierten Leben mit Krankheit eine Reife gewonnen, die sich nicht nur in seinen geschriebenen philosophischen Werken ausdrückt. Über die letzten Tage und Stunden von Karl Jaspers beschreibt Hans Saner etwas durchaus Erstaunliches:

> *Äußerlich schien der Abschied vom produktiven Leben fast schmerzlos vor sich zu gehen. In Wahrheit wurde er reflektiert bis in die Möglichkeit des Selbstmordes hinein. Erst als Jaspers, gemeinsam mit seiner Frau, diese Eventualität verworfen hatte, wählte er ganz bewusst das neue Dasein als Schwerkranker. Er wollte nun erleben, wie es mit ihm zu Ende ging, und er tat es, bis in die scheinbar erniedrigendsten Phasen des Krankseins, mit einer Souveränität und Würde, die das letzte Zeugnis seiner gelebten Philosophie waren.*[57]

Hier spricht eine andere Stimme. Nicht der Reflex, die Vorstellung der eigenen Hinfälligkeit abzuwehren,

---

57 Hans Saner: Sterben können, S. 495f. In: Karl Jaspers: Mitverantwortlich. Ein philosophisch-politisches Lesebuch. Geleitwort von Hannah Arendt, Gütersloh 1982, S. 493–502.

spricht hier, sondern die bewusste Wahl des Daseins als Abhängiger, Kranker, schließlich „Entstellter", nicht das Ausblenden, und sei es praktisch durch den Suizid, sondern der Wille, auch *dies* zu erleben und zu durchleben. Und keine Rede ist von der Hilflosigkeit und Würdelosigkeit des Zustands, sondern im Gegenteil von Souveränität und Würde einer anderen Ordnung.

Eine so seltene Stimme im Diskurs wie jene (eigentlich auch vergessene) von Karl Jaspers entspricht den Denkanregungen dieses Büchleins. Zum Ende hin und vom Ende her zu denken, ist für die *gesamte* Lebensführung relevant und erkenntnisreich.

Jaspers erlitt einen, dann noch einen Schlaganfall und brauchte Hilfe bei allen Aktivitäten des täglichen Lebens. Gedächtnis, Intellekt und die Fähigkeit zum sprachlichen Ausdruck verfielen – im zusehenden Bewusstsein eines Menschen, der sein Leben, ähnlich wie Hans Küng, im Geiste und im Schreiben verbrachte. Lichtere Momente unterbrachen den Verfall:

„Tags darauf sagte er: „[…] Ich war wie *ausgeliefert* und konnte das Geschehen *nicht durchschauen.* – Aber ich will Ihnen sagen, mit *welcher philosophischen Haltung* man mir gegenüberstehen soll: Wenn man bald neunzig ist, kann das Alter und die Krankheit alles Mögliche bringen. Bei mir geht ein Prozess vor sich. *Ich bin machtlos* gegen ihn. Weil ich das weiß, kann ich das *Geschehen hinnehmen – ohne nur Opfer zu sein.* Auch diese Zeit meines Lebens hat ihr *Schönes. Ich bin froh, dass ich es erleben darf.*"[58]

---

58 Hans Saner, a. a. O., S. 499.

Die Zeilen stehen für sich. Aber die Erfahrung sollte uns zu denken geben: Würde ist etwas anderes als Souveränität, ja, es gibt eine Art von Souveränität, die nicht in der Macht zu handeln und der normalen Funktionsfähigkeit des Geistes und des Körpers besteht; es ist möglich, Geschehendes hinzunehmen und doch nicht Opfer zu sein; das Erniedrigende und das Ausgeliefertsein ist nicht der glatte Widerspruch zum Schönen; es gibt eine Entschiedenheit, auch *das* zu erleben, und man kann froh darüber sein.

Können wir uns als Gesellschaft von diesen Erkenntnissen abschneiden wollen?

„Gemeinsam mit meiner Frau", schreibt Karl Jaspers. Wir unterschlagen diesen Satz fast so, wie die Geschichte die Sorge und die Frauen benachteiligt hat. Es ist keine bloße Nebenbemerkung, wenn hier die Rolle von Gertrud Jaspers, die selbst keine öffentliche Rolle hatte, die selbst nicht im Medium des Buches noch immer spricht wie ihr Mann, betont wird – und im Text von Hans Saner das letzte Wort bekommt.

Frau Jaspers, nachdem Karl Jaspers gestorben ist, sagte nur:

> *Und wir müssen jetzt was essen – Die Juden sagen: Was ist der Mensch, dass Du seiner gedenkst?" Frau Jaspers zitiert hier den Psalm 8, der so noch weiter lautet: „… und des Menschen Kind, dass du deinen Blick auf ihn richtest?*[59]

---

59 Hans Saner, a. a. O., S. 502.

Es geht hier nicht um eine theologische Ausdeutung des Satzes, aber in den wohl geseufzten Worten von Gertrud Jaspers stecken zwei wesentliche Dinge. Erstens eine Frage – nach dem Menschen: In der Sorge, die zu Ende gedacht wurde, weil sie gemeinsam zu Ende gegangen wurde, steckt *Erkenntnis.* Und zwar Erkenntnis, die mit dem Geheimnis des Menschseins zu tun hat – und die nicht in einer glatten Antwort oder Theorie ausgesagt werden kann, sondern eher gefühlt und wiederum erfragt wird. Es eröffnet sich das Geheimnis – „irgendwie", ohne den Geheimnischarakter über die letzten Dinge des Lebens preiszugeben. Zweitens steckt darin eine gewisse Gelassenheit, die vielleicht daraus resultiert, dass es vernünftig sein kann, den Dingen ihren Lauf zu lassen und sie geschehen zu lassen, in sie zu vertrauen.

Diese eher verborgene „Weisheit" der hintergründig arbeitenden und erfahrenden Sorge findet sich auch in den Aussagen von Inge Jens. Inge Jens ist die Frau von Walter Jens, jenes mittlerweile verstorbenen Rhetorik-Professors, der zusammen mit Hans Küng ein Plädoyer für den ärztlich assistierten Suizid geschrieben hatte und selbst ganz so empfunden hat, wie Hans Küng im Interviewzitat oben ausdrückt. Wie es so ist im Leben und im Sterben – nämlich unkontrollierbar –, wollte Walter Jens im als unwürdig antizipierten Zustand der nun tatsächlich eingetretenen Demenz jedoch nicht mehr sterben, sondern leben und auch genießen, auch wenn sich dieser Genuss nicht mehr auf Weltliteratur, sondern auf elementare Dinge des Lebens bezog wie das Essen.

Inge Jens schreibt nun über ihre Sorge für ihren Mann Walter Jens:

> *Aber ich erfahre, dass es – im Augenblick – auch nicht meine wichtigste Aufgabe ist, meinem Mann zu einem humanen – das heißt nicht von ihm selbst entfremdeten – Sterben zu verhelfen, sondern zu einem Leben, das, allen Einschränkungen und Schrecknissen, ja, allem Sich-selbst-abhanden-gekommen-Sein zum Trotz, menschenwürdig – das heißt Verzweiflung und Freude, Demütigung und Anerkennung bergend – genannt werden kann.*[60]

Und:

> *Machen Sie sich darauf gefasst, dass Sie ganz neue Seiten an Ihrem Partner entdecken werden. Das kann man auch als Abenteuer erleben. Als Zuwachs von Erfahrungen und von Einblicken in das, was Leben heißt.*[61]

---

60 Zitiert in Robert Spaemann et al., a. a. O., S. 104.
61 Interview in der „Welt", veröff. 9. 3. 2016.

Nachwort

Die Einsichten, Anregungen, Fragen und Ermutigungen, die wir in diesem Büchlein zu versammeln versuchten, sind, so unsere Überzeugung und Hypothese, zwar entstanden aus dem Umgehen mit dem hohen Alter, mit dem Zugehen auf das Sterben und dem Sich-selbst-abhanden-Kommen, aber sie sind gültig und bereichernd für jedes Lebensalter und jede Lebenslage. Sie ermöglichen uns – nicht als festgezurrte Lehrsätze oder als Essays, sondern als Ausgangspunkte für eigene Nachdenklichkeit mit sich selbst und mit anderen – in eine Sorge hinein zu reifen, wie sie Karl und Gertrud Jaspers gelebt und artikuliert haben, wie Inge Jens das beschreibt. Sie ermöglichen uns ein komplexeres und vollständiges Bild unseres eigenen Menschseins als die vorschnelle und herrschaftliche Abwehr des nur gesunden und nur „vernünftigen" Menschen. Ja, Vernunft wird etwas Anderes heißen müssen als das, was Hans Küng damit meint, mehr als die intellektuelle Befähigung zur Selbstkontrolle und Selbstbestimmung. Vernunft ist, wie Robert Spaemann das in seinem „Versuch über Ethik nennt"[62], das Wachwerden für die Wirklichkeit – und zwar der Wirklichkeit der inneren und äußeren Welt, den Wirklichkeiten der anderen Menschen. Vernünftig – also je vollständiger und umgreifender – betrachten und fühlen wir die Welt, wenn wir das Leben zu Ende denken.

---

62 Robert Spaemann: Glück und Wohlwollen. Versuch über Ethik,
    Stuttgart: Klett-Cotta 2009.

Sorge Tragen für und mit alten Menschen im Rheingau

Beate Jung-Henkel

Die Auseinandersetzung mit den Themen Alter, Altern und Altsein gewinnt in einer Zeit des demografischen Wandels an Bedeutung. Noch nie in der Menschheitsgeschichte sind die Menschen so alt geworden, noch nie hatten sie nach dem Ende der Berufstätigkeit so viel freie Zeit, die gestaltet werden will. Das ist ein wunderbares Geschenk. Ein Vorbild in der Geschichte, wie damit umzugehen ist, gibt es nicht. Jedoch ist unbestritten, dass aufgrund dieser gesellschaftlichen Veränderungen in vielen Bereichen neue Überlegungen und neues Handeln herausgefordert sind.

Die Frage nach dem Alter lässt sich nicht von unserem eigenen Älterwerden abtrennen. Es ist eine Frage, die uns alle angeht und die jedem Einzelnen von uns aufgibt, über Sinn und Gestaltung jeder Lebensphase nachzudenken. Das Nachdenken über Altsein und Altwerden weckt die grundlegenden, existenziellen Fragen des menschlichen Lebens und die Sorge um ein gutes Leben mit und für Andere – und stellt damit die Solidaritätspotentiale der Gesellschaft auf den Prüfstand.

Wir Menschen sind zeitlebens auf Beziehungen, Zuwendungen und Hilfe Anderer angewiesen. Wir leben in Beziehungen des Sorgens. Wir teilen unser Leben mit Anderen. Die Sorge für sich und Andere ist untrennbar. In Lebensphasen der Verwundbarkeit und

Abhängigkeit stößt die Orientierung an einer individualistisch gedachten Autonomie an noch deutlichere Grenzen. Besondere Aufmerksamkeit brauchen deshalb pflege- und hilfebedürftige Menschen im Alter. Ihr Leben wird spürbar zerbrechlicher und verletzlicher. Würdigende Beziehungen stellen jetzt eine besondere Herausforderung dar.

Der Ökumenische Hospiz-Dienst Rheingau e. V. und das Pfarramt für Hospizarbeit in Rüdesheim/Rheingau haben sich in den vergangenen Jahren in Kooperation mit der Evangelischen Kirchengemeinde Oestrich-Winkel verstärkt mit dem Thema „Sorge tragen für alte Menschen" auseinandergesetzt und es auch in die Öffentlichkeit getragen. Hierbei sollten Themen einer gemeindenahen Sorge sowie ethische, philosophische, theologische, medizinische, hospizliche und palliative Themen in den Blick genommen werden: einerseits mit einer Reihe von Veranstaltungen zum Thema, aber auch mit dem Versuch, über das Projekt dauerhaftere Strukturen der Verständigung und sozialen Anteilnahme – im Sinne einer „sorgenden Region" – einzurichten. So sollten runde Tische geschaffen werden, an denen sich Menschen aus verschiedenen Lebens- und Arbeitswelten versammeln, ihre „Sorgen auf den Tisch" bringen, über die grundlegenden Lebensfragen zum Altsein, Älterwerden und Sterben gemeinsam nachdenken und in dieser Weise am Leben der Anderen Anteil nehmen. Vor allem sollten in diesem Projekt die Sorgen und Lebensthemen alter Menschen aufgenommen werden.

Sorge tragen ist hier nicht verstanden als ein Ver-Sorgen, sich sorgen um, sondern in einem viel weiteren Sinn zu verstehen: Sorgen mittragen, sich verantwortlich fühlen, sich einmischen und mitgestalten.

Bei alledem hat uns eine große und doch einfache Frage geleitet: Was ist zu tun und zu lassen, damit alte Menschen hier im Rheingau ein gutes Leben haben? Es versteht sich von selbst, dass zu einem guten Leben auch eine gute Pflege und ein würdiges, umsorgtes Sterben gehören.

Die Veranstaltungen und Angebote des Projekts richteten sich an alle, die mit alten Menschen – beruflich, ehrenamtlich oder privat – sorgend verbunden sind oder sich der Thematik einfach nachdenkend nähern wollen – vor allem aber an alle, die selbst einmal alt werden oder bereits älter sind.

Eingeladen waren alte Menschen, pflegende Angehörige, MitarbeiterInnen von Krankenhaus und Pflegeeinrichtungen, VertreterInnen von Kirchengemeinden und MitarbeiterInnen der Besuchsdienste, die verschiedene Perspektiven aus verschiedenen Lebenswelten mitbringen. Es ging darum, in einen wechselseitigen und hilfreichen Austausch auf Augenhöhe – jenseits von üblichen Rollen – zu kommen, sowie darum, die Erfahrung und das Lebenswissen von Menschen aus verschiedenen Lebenswelten aufeinander zu beziehen und über die runden Tische hinaus auch weiterzutragen. Die Sorgen sollten auf den Tisch – aber auch die vielen kreativen Möglichkeiten, mit ihnen umzugehen. Erfahrung will geteilt sein.

Die Überschaubarkeit der Region Rheingau machte das Projekt auf einer breiten Ebene möglich.

Die Veranstaltungen – Vorträge, Workshops, Seminare – waren alle gut besucht und das Projekt hat eine schöne Resonanz erfahren. Verschiedene Verständigungskontexte in Pflegeheimen und Kirchengemeinden sind entstanden und werden weitergeführt.

Regelmäßige Gesprächsrunden zum Thema „Alte, kranke und sterbende Menschen nicht alleine lassen. Wie wir als Angehörige, Freunde und Nachbarn helfen und beistehen können" haben sich als ein Format der Verständigung etabliert und werden gut besucht.

Am Ende war klar: Dieses Projekt muss weitergeführt werden – als das „Forum Sorge tragen – mit und für alte Menschen im Rheingau".

Dank gebührt allen, die in verschiedenen Rollen an dem Projekt beteiligt waren. Dank besonders den alten und älteren Menschen, ihren Angehörigen, den Pflegenden aus den verschiedenen Einrichtungen, die uns ihre Geschichten erzählt haben und uns damit an ihren Erfahrungen, Sorgen und Fragen teilhaben ließen.